Expressionismus 06/2017

Wahnsinn

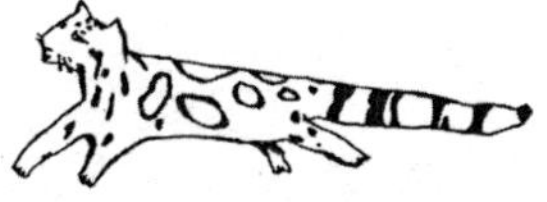

Expressionismus

06/2017

Wahnsinn

Herausgegeben von
Kristin Eichhorn
Johannes S. Lorenzen

Neofelis Verlag

Expressionismus
06/2017: Wahnsinn
Hrsg. v. Kristin Eichhorn / Johannes S. Lorenzen

Bibliografische Information der Deutschen Nationalbibliothek
Die Deutsche Nationalbibliothek verzeichnet diese Publikation in der Deutschen Nationalbibliografie; detaillierte bibliografische Daten sind im Internet über http://dnb.d-nb.de abrufbar.

Umschlaggestaltung: Marija Skara
Lektorat & Satz: Neofelis Verlag (mn/ae)
Druck: PRESSEL Digitaler Produktionsdruck, Remshalden
Gedruckt auf FSC-zertifiziertem Papier.
ISSN: 2363-5592
ISBN (Print): 978-3-95808-138-3
ISBN (PDF): 978-3-95808-188-8

Erscheinungsweise: zweimal jährlich
Jahresabonnement 24 €, Einzelheft 14 €
Erhältlich in Ihrer Buchhandlung oder direkt beim Neofelis Verlag unter:
vertrieb@neofelis-verlag.de

Ein Abonnement verlängert sich automatisch um ein Jahr, wenn die Kündigung nicht mindestens drei Monate vor Ende des Kalenderjahrs erfolgt ist.

Inhalt

Editorial 7

Psychologische Diskurse in expressionistischer Zeit

Sophie Witt
Psychosomatik. Diskurs und Poetik im Expressionismus 13

Klaus Schenk
Melancholische Schizophrenie.
Dissoziation als Dispositiv in expressionistischer Lyrik 24

Wahnsinn und Gesellschaft

Anna S. Brasch
Verortungen des ‚Irren'.
Raumkonzeption, Wahnsinnsthematik und Zeitkritik
in Literatur und visuellen Künsten des Expressionismus 41

Larissa Kikol
Wahnsinn im expressionistischen Film.
Psychotherapie statt deutscher Macht-Sehnsucht 52

Künstler in der Psychiatrie

Thomas Röske
Paul Goesch – ein Expressionist in der Psychiatrie 63

Christiane Schmidt
Fritz Schaefler – Im Garten der Irrsinnigen 76

Künstlerischer Ausdruck und poetische Strategien

Cornelius Mitterer / Carsten Rast
Wahnwitz.
Poetische Strategie und Auflehnung bei
Elsa Asenijeff und Albert Ehrenstein 93

Michael Ansel
Abnorme Metrik.
Zur Versstruktur und Rhythmik von Walter Hasenclevers
Die Verheißung VI und Johannes R. Bechers *Die Irren* 108

Panagiota Varvitsioti
Hugo von Hofmannsthals und Richard Strauss' Klytämnestra.
Die gewaltige Steigerung des literarischen Ausdrucks
durch die hinzutretende Vertonung 119

Abbildungsverzeichnis 132
Call for Papers: Berlin 134

Editorial

Neben religiöser Symbolik und Sprache und dem Topos der Großstadtlyrik kann als ein Hauptmerkmal expressionistischer Ästhetik besonders die überaus vielschichtige und über alle Kunstformen hinweg auftretende Thematisierung von psychischen Extremzuständen und Geisteskrankheit angesehen werden. Nachdem um die Jahrhundertwende die Psychoanalyse den Begriff des Unbewussten geprägt und damit einhergehend Gesellschaft, Individuum und Sexualität unter gänzlich neuen Prämissen zu denken begonnen hatte, beschäftigte sich der nur wenig später aufkommende Expressionismus in Kunst, Literatur und besonders dem neuen Medium Film mit psychischen Vorgängen, sexueller Motivik, Traum- und Rauschzuständen und übergeordnet mit Sigmund Freuds Überlegungen zum Unbewussten, den Polen „Ich", „Es" und „Über-Ich". Zugrunde liegt dieser Fokussierung nicht zuletzt der von Freud hergestellte Zusammenhang von Triebunterdrückung und Kultur.

So schreibt Freud in der frühen Schrift *Die „kulturelle" Sexualmoral und die moderne Nervosität* aus dem Jahre 1908:

> Unsere Kultur ist ganz allgemein auf der Unterdrückung von Trieben aufgebaut. Jeder einzelne hat ein Stück seines Besitzes, seiner Machtvollkommenheit, der aggressiven und vindikativen Neigungen seiner Persönlichkeit abgegeben; aus diesen Beiträgen ist der gemeinsame Kulturbesitz an materiellen und ideellen Gütern entstanden.[1]

Nach Freud sind Kultur und die bürgerliche Gesellschaft immer mit Zügelung bzw. Unterdrückung primärer Triebe und unkonventionellen Verhaltens verbunden. Die damit einhergehende „Fähigkeit zur Sublimierung", wie Freud dies wenig später in dem Text nennt, ist dabei die Hauptgrundlage kulturellen Schaffens, da die überschüssige, sexuelle Energie des Individuums zu Kultur und Kunst verarbeitet werde.[2]

Was aber, wenn der Fokus einer Kunstrichtung oder literarischen Strömung genau diese Sublimierung nicht mehr vornimmt, sondern gerade das Verdrängte, Triebhafte und nicht gesellschaftlich Geduldete

1 Sigmund Freud: Die „kulturelle" Sexualmoral und die moderne Nervosität. In: Ders.: *Das Unbehagen in der Kultur und andere kulturtheoretische Schriften*. Frankfurt am Main: Fischer 2009, S. 111–132, hier S. 116.

2 Vgl. ebd., S. 117–118.

thematisiert und darstellt? Eben diesen Ansatz verfolgt expressionistische Kunst und Literatur und findet damit in der Thematisierung von Psychosen, unbewussten Vorgängen und irrationalen Trieben den passendsten Ausdruck. Nicht zufällig beeinflussen in vielen bekannten Prosatexten wie beispielsweise Alfred Döblins *Die Ermordung einer Butterblume* sexuelle Triebnatur und irrationale Ängste und Aggressionen sowohl die Metaphorik als auch die Erzählperspektive und machen somit eine gänzlich unstrukturierte und direkte Erfahrung von psychischen Vorgängen und „Störungen" des Geistes erfahrbar. Fritz Martini merkt in der Einleitung seiner bis heute aufgelegten Sammlung expressionistischer Prosa im Reclam Verlag an: „Neu war die Erweiterung der Psychologie zu Schichten des Unterbewußten; neu ebenso, daß Psychologie hier nicht beschrieben und kommentiert, sondern in Handeln, Bewegung, in Bildlichkeit umgesetzt wurde."[3] Neben der Einführung neuer formaler Aspekte ist besonders die Figur des „Irren" und seine scheinbar unverstellte und nicht genormte Wahrnehmung von Welt und Subjekt ein besonders in Kunst und Literatur häufig vorkommendes Sujet.

In Georg Heyms Novelle *Der Irre* aus dem Jahre 1911 wird die Wahrnehmung eines Geisteskranken – zumindest nach expressionistischer Konvention – im Bewusstseinsstrom des Protagonisten wie in der beschreibenden Rede des auktorialen Erzählers ausgedrückt:

> Plötzlich sah er das Tier wieder, das in ihm saß. Unten zwischen dem Magen, wie eine große Hyäne. Hatte die einen Rachen. Und das Aas wollte raus. Ja, ja, du mußt raus. Jetzt war er selber das Tier. Auf allen Vieren kroch er die Straße entlang. Schnell, schnell, sonst läuft sie weg. Wie die laufen kann, aber so eine Hyäne ist noch schneller. Er bellte laut wie ein Schakal. Die Frau drehte sich um. Als sie da einen Mann auf Händen und Füßen hinter sich her laufen sah, das wirre Haar, in dem dicken Gesicht, weiß von Staub, da ließ sie ihren Wagen stehen und laut schreiend lief sie die Straße hinunter.[4]

In dem Zitat wird gleichermaßen die veränderte Selbstwahrnehmung des Irren und – in Form der Wahrnehmung der Frau auf der Straße – die allgemeine Provokation des geisteskranken Verhaltens deutlich:

3 Fritz Martini: Einleitung. In: Ders. (Hrsg.): *Prosa des Expressionismus*. Stuttgart: Reclam 1970, S. 3–48, hier S. 22.

4 Georg Heym: Der Irre. In: Ders.: *Werke*, hrsg. v. Gunter Martens. Stuttgart: Reclam 2006, S. 215–230, hier S. 221.

Das Animalische, Nicht-Rationale wird hemmungslos ausgelebt und ist Gegenpol zum bürgerlichen Kulturverhalten der Kaiserzeit:

> In ihrem aggressiven Sturmlauf gegen die überalterte Kultur der spätwilhelminischen Patriarchalgesellschaft mussten die jungen Künstler den Wahnsinn nur auf- beziehungsweise umwerten, um eine provokante Möglichkeit zu bekommen, ihre Gegenposition zu den herrschenden Normen und Wertvorstellungen zu verbildlichen.[5]

Doch neben der Figur des Irren und der allgemeinen Nutzung von Wahn und Rausch als Metapher für anti-bürgerliche Kritik zeigt sich die Thematisierung von Geisteskrankheiten und Wahnsinn auch jenseits der Avantgarde in einem gestiegenen Interesse von Medizin und Psychiatrie an moderner Kunst und der Kunst von Psychiatrieinsassen.[6] Von dem bewusst zugespitzten Stichwort ‚Wahnsinn' ausgehend möchte die sechste Ausgabe von *Expressionismus* deshalb über die nur auf Freud konzentrierten Ansätze hinausgehen und neben Untersuchungen der Darstellung und Funktion psychischer Krankheiten in expressionistischer Kunst auch breiter die Frage stellen, welche Theorien für die Diskussion generell leitend sind. Dabei ist zu berücksichtigen, dass die Kunsttheorien im Unterschied vor allem zum Naturalismus die Erklärbarkeit menschlichen Verhaltens anhand von festen Psychogrammen ablehnen, ihr Fokus aber deshalb umso mehr auf psychischen Vorgängen und Anomalien liegt.

Die Beiträge dieses Hefts nehmen sich dem Thema „Wahnsinn" in all seinen Formen und Varianten an. Dazu gehört zum einen die Beschäftigung mit den zeitgenössischen medizinischen Diskursen um Krankheiten wie die Melancholie, Schizophrenie oder *Dementia praecox*. Mit Blick auf das Feld der Psychosomatik liefert Sophie Witt einen Einstieg in das Themengebiet. Klaus Schenk diskutiert im Anschluss bereits die Frage, wie sich „Melancholische Schizophrenie" in expressionistischer Lyrik niederschlägt und toposbildend ist. Die nächsten zwei Beiträge widmen sich dem Verhältnis von Wahnsinn und Gesellschaft, das insofern allein eine Rolle spielt, als expressionistische Kunst mit ihrer Vorliebe für Außenseiterfiguren auch psychisch Kranke ins Zentrum rückt. Anna S. Brasch verfolgt die Darstellungsweisen von Wahnsinn interdisziplinär, während Larissa Kikol der Rezeption des ‚filmischen'

5 Thomas Anz: *Literatur des Expressionismus*. Stuttgart: Metzler 2002, S. 83.

6 Vgl. ebd., S. 88.

Wahnsinns nachgeht, der im Licht neuerer psychologischer Forschung anders rezipiert wird als zur Zeit der Entstehung der Stummfilme.
Nicht selten ist die Verbindung von expressionistischer Kunst und Wahnsinn ein Phänomen, das die Kunstschaffenden auch biographisch betrifft – entweder weil Künstler/innen im Laufe ihres Lebens in psychiatrischer Behandlung waren oder weil in der Psychiatrie Kunst als Therapie eingesetzt wurde und dabei Werke entstanden sind, die den expressionistischen Ansätzen nahestehen. Diesem komplexen Wechselverhältnis gehen die exemplarischen Einzelstudien von Thomas Röske und Christiane Schmidt nach, die mit den Karrieren von Paul Goesch und Fritz Schaefler jeweils einen konkreten ‚Fall' beleuchten.
Die letzten drei Aufsätze widmen sich schließlich der Frage, wie die Affinität zum Wahnsinn zur Entstehung spezifischer oder neuer ästhetischer Verfahrensweisen beiträgt. Mit Blick auf die Literatur geht Michael Ansel der Metrik expressionistischer Gedichte nach. Cornelius Mitter und Carsten Rast fragen nach einer Poetik des ‚Wahnwitzes' und Panagiota Varvitsioti beleuchtet das Ineinandergreifen von Dichtung und Musik anhand von Hugo von Hofmannsthals und Richard Strauss' *Elektra*.

Kristin Eichhorn / Johannes S. Lorenzen

Psychologische Diskurse in expressionistischer Zeit

Psychosomatik

Diskurs und Poetik im Expressionismus

Sophie Witt

Fragt man nach ‚Geisteskrankheiten' im Expressionismus, gibt es vermehrt solche, die man psychosomatisch nennen kann: deren Leid sich am Körper ausagiert. Obwohl der Expressionismus vordergründig das Geistige privilegiert, ist hier eine Hinwendung zum Körperlich-Kreatürlichen beobachtbar. Interessiert sich Psychosomatik – verallgemeinert gesprochen – für die psychischen Ursachen somatischer Symptome, ist es nicht nur der Status der Psyche, sondern immer auch der Status des Körpers, der darin zur Debatte steht: Während die medizinische Fachdisziplin Psychosomatik sich erst nach 1945 systematisch entwickeln wird, geht einer ihrer Kernaspekte auf Sigmund Freuds und Josef Breuers *Studien über Hysterie* (1895) zurück: Mit „Konversion" ist dort das komplizierte Verhältnis von psychischen Krankheitsursachen und somatischen Symptomsprachen bezeichnet.[1] Psychosomatik ist so immer auch Poetik: Es geht um ‚Körperzeichen' und -praktiken und deren Les- bzw. Unlesbarkeit, die dem Psychosomatischen eine darstellungslogische Dimension eintragen. Psychosomatik ist zudem genuin performativ – nicht nur werden Symptome hervorgebracht, sondern auch die Rollenverteilungen der therapeutischen *settings* immer wieder neu verhandelt. Insofern verwundert nicht, dass es besonders die Dramen- und Theaterliteratur um 1900 ist, die das Feld der Psychosomatik fasziniert aufnimmt. Nach einigen – wenigen – Schauplätzen dieser Faszination fragt der folgende Beitrag.

1 Josef Breuer / Sigmund Freud: *Studien über Hysterie.* Frankfurt am Main: Fischer 1991, bes. S. 105. Vgl. etwa die neuere Bestimmung der psychosomatischen Konversion als „Verwandlung seelischer Inhalte in körperliche Symptome" (Thure von Uexküll: *Grundfragen der psychosomatischen Medizin*. Reinbek: Rowohlt 1963, S. 82).

1. Anamnese zwischen Soma und Psyche: Atemnot und Eiterbeulen

Steigen wir ein mit einer Szene aus Fritz von Unruhs *Dietrich (Die Entscheidung)* (entstanden zwischen 1945 und 1957), dem letzten Teil der in den 1910er Jahren begonnenen Trilogie *Ein Geschlecht*, die als von Unruhs expressionistisches Hauptwerk gilt; besonders der dritte – ‚verspätete' – Teil kann als eine kritische Wiederholung expressionistischer Problemstellungen gelesen werden.[2]

> Irene
> Atemnot?
> Dietrich
> Wie beim Ersticken!
> Irene
> Doktor? Ich bin's!
> Verzeihen Sie die Störung! Yes! 'ne Herzattacke!
> Seit gestern schon die dritte …[3]

Worunter Dietrich leidet, so erfahren wir im Folgenden, ist keine Herzkrankheit. Auf Anweisung des Arztes verabreicht Irene „[n]ur Pflanzenstoffe! harmlos!", denn, so stellt sie erleichtert fest: „Ich danke Gott, daß Du nicht krank! Die Untersuchung / ergab's!"[4] Die „Untersuchung" findet im Prolog statt, der im New York der 1950er Jahre spielt, im Zimmer eines Arztes. Die Szene zwischen Arzt, Dietrich und Irene changiert sonderbar zwischen Schulmedizin und Psychotherapie. Während die Schwester per Visitenkarte das „Ehepaar Dietrich" als nächsten Patienten ankündigt, scheint es zunächst nur Dietrich zu sein, der die zu kurierenden Symptome mitbringt: Schlafstörungen und allgemein „Unrast". Dietrich selbst ist es auch, der eine psychische Ursache seiner somatischen Symptome annimmt – „im Geist" liege der Grund.[5] Der Arzt hingegen, offenbar kein Psychosomatiker, richtet die Aufmerksamkeit ganz aufs Organische –

2 Siehe zur Rezeption der ersten beiden Teile als expressionistisches Hauptwerk sowie *Dietrich* als nachgeholtem Expressionismus Manfred Durzak: Nachgeholter Expressionismus? Zur Vollendung von Fritz von Unruhs Dramen-Trilogie „Ein Geschlecht". In: *Jahrbuch der Deutschen Schiller-Gesellschaft* 18 (1974), S. 559–605.

3 Fritz von Unruh: Dietrich (Die Entscheidung). In: Ders.: *Sämtliche Werke*, Bd. 3: Dramen II, hrsg. v. Hanns Martin Elster. Berlin: Haude & Spener 1973, S. 177–393, hier S. 198–199.

4 Ebd., S. 199.

5 Ebd., S. 179.

Arzt *lächelt*
Wir werden die Organe heilen.
Dietrich
Geist – ist doch kein Organ?
Arzt
Er wuchs mit Ihnen –
Und wird vergehen mit den Organen![6]

Er verordnet ein Röntgenbild, das keine Ursache liefert; Dietrich ist nicht krank, „in den Gedärmen nicht, vielleicht im Hirn", schlussfolgert der Arzt. Und tatsächlich entwickelt Dietrich in der folgenden Szene regelrechte Wahnvorstellungen: „lauter Gesichter! Fratzen".[7]
Dass ein Arzt um 1950 keine Psychotherapie verordnet, ist nicht so sonderbar; auffällig ist aber, dass in von Unruhs Prolog durchaus eine solche Szene stattfindet, jedoch – mit der entsprechenden erotischen Aufladung – zwischen Arzt und Irene. Zur Markierung des Wechsels tritt die „Schwester mit Dietrich ab", um die „X-Rays [...] von den Gedärmen" zu erstellen; der Arzt sitzt am Schreibtisch und nimmt eine neue Patientenkarte zur Hand. Analog zu den von Michel Foucault beschriebenen Techniken der Preisgabe – die sich über die Jahrhunderte vom Bußsakrament abgelöst haben, um als Techniken in die verschiedenen Disziplinen zu wandern, u. a. in Medizin und Psychiatrie –, bringt der Arzt seine Patientin nicht einfach zum Sprechen, sondern zu geflüsterten Geständnissen – er bezeichnet sich sogar als „Beichtiger".[8] Als Störfaktor im Procedere der Anamnese behauptet Irene, an Gedächtnisschwund zu leiden: eine Art (inszenierter) Verdrängungsvorgang, der den Beichtvater weiter anspornt. Sie leide am „Versinken" der Vergangenheit, so kommt heraus, was sich als Symptom eines Eingriffs in die Zukunft deuten ließe: Dietrich und Irene haben sich gegen Fortpflanzung entschieden, mit dem Ziel, „[d]en Zeugungstrieb [zu] ‚veredeln'" – „[Heiligung] des Sexus" –, wobei Dietrich Irene zur Abtreibung bewegt hat.[9] Was als ‚Entsühnung' von dem „Lustgestöhn im Rausch des Fleisch's"[10] bezeichnet wird, macht v. Unruhs Text implizit zu jenem von Foucault benannten „Archiv der Lüste des

6 Ebd.
7 Ebd., S. 199.
8 Ebd., S. 189.
9 Ebd., S. 189, 190, 192.
10 Ebd., S. 193.

Sexes", zu dem Medizin und Psychiatrie beitragen, seit sie „Geständnis-Wissenschaft" sind.[11]

Mit seiner Fokussierung auf die Askese aber scheint das Drama gar nicht primär an der Struktur der Offenlegung interessiert zu sein. Von Unruhs Text partizipiert zwar an der allmählichen Etablierung der Psychosomatik als medizinischer Fachdisziplin – einem Prozess, der sich nicht zufällig maßgeblich im New York der späten 1930er und 40er Jahre vollzieht, wo nicht nur von Unruh, sondern eine ganze Reihe deutscher und österreichischer Ärzte und Psychoanalytiker im Exil leben. Gesucht wurde im Anschluss an Freud, aber auch Georg Groddeck nach einem Verständnis von Krankheiten als „symbolische[n] Äußerungen des Menschen".[12] Von Unruhs *liaison* mit der Psychosomatik ist aber nicht nur älter, sondern scheint gar nicht vordergründig an der *Erklärung*, sondern mehr an der *Inszenierung* der Symptome interessiert zu sein. So schreibt er nach der Fertigstellung des dritten Teils der Trilogie eine Einführung, die sich vor allem auf die beiden ersten Teile – entstanden 1915/16 und 1917–1920 – bezieht. Hier inszeniert sich der Autor selbst als psychosomatisch erkrankt:

> Gegen Ende des Krieges [WK I, S. W.] brach plötzlich eine seltsame Krankheit bei mir aus. Es begann damit, daß zunächst an meinen Füßen die Zehen vollkommen vereiterten. Die Ärzte dort konnten sich absolut nicht erklären, was es sei.[13]

Etwas später dann wird ein „großer Züricher Arzt [der Psychoanalytiker Iwan Bloch, S. W.] eine „Entzündung des Nervensystems" mit der psychosomatisch geschulten Formel erklären: „„Aus Ihnen eitert der Krieg heraus!'"[14]

11 Michel Foucault: *Der Wille zum Wissen. Sexualität und Wahrheit I*, aus d. Franz. v. Ulrich Raulff / Walter Seitter. Frankfurt am Main: Suhrkamp 1983, S. 67–68.

12 Georg Groddeck: Symbole und Krankheit. In: Ders.: *Krankheit als Symbol. Schriften zur Psychosomatik*, hrsg. v. Helmuth Siefert. Frankfurt am Main: Fischer 1983, S. 112–128, hier S. 122.

13 Zit. n. Hanns Martin Elster: Nachwort. In: Unruh: *Sämtliche Werke*, Bd. 3, S. 395–435, hier S. 413.

14 Ebd., S. 414.

2. Prekäre Körper, prekäre ‚Ganzheitlichkeit'

Ist ‚Geist' auch *das* Signalwort der 1910er Jahre,[15] bricht das Somatische nicht zuletzt durch die Kriegserfahrung in den Expressionismus ein: Es gibt ‚versehrte' Körper und neue Symptome wie diverse Kriegstraumatisierungen, die sich als ‚männliche Hysterie' äußern.[16] Auf der diskursiven und poetischen Ebene ist das Interesse an der Psychosomatik verbunden mit der Suche nach einem „Neuen Pathos".[17] So liest sich noch von Unruhs späte Einführung als pathetische Inszenierung:

> Ich sah unsere Gegenwart in einer großen apokalyptischen Verwirrung. Ich hörte, wenn ich schlaflos und von Schmerzen gequält im Bett lag, die Schreie der Verwundeten! Ich hörte das Stöhnen der Sterbenden auf dem Schlachtfeld … In fast unerträglichen Qualen wurde ich von Zweifeln an unserer ganzen Moral und unseren Rechtszuständen irre. Ich befand mich in höllengleichen Landschaften, die durchwimmelt waren von Teufeln! Gesichter, wie ich sie gesehen hatte in „Gefechtsständen" – Gesichter, wie sie mir am „Toten Mann" und dem völlig zerbombten Fayettewäldchen vor Verdun begegneten![18]

Auffällig ist vor allem die auf Intensivierung zielende additive Häufung in der Beschreibung. Durch den wiederholten Modus des Ausrufs ist der Text aber nicht nur Beschreibung der damaligen Gegenwart, sondern unterstreicht zugleich seine ‚gegenwärtige Performanz'. Der Schreibende, so scheint diese poetische Strategie nahezulegen, revitalisiert, erlebt erneut das damalige Affektspektrum qua Niederschrift. Entsprechend endet die Passage mit einem Verweis auf das ‚gerade Erlebte'; die Beschreibung der Vergangenheit wird zur ‚erlebenden' Schreib-Szene: „Die Teufel des Hieronimus Bosch waren nur blasse Träume eines Malers gegenüber der *gerade erlebten Wirklichkeit*."[19] Dergestalt wird das Schreiben der Trilogie explizit als Therapie der (Kriegs-)Traumatisierung inszeniert – als ‚von der Seele schreiben':

15 Vgl. allg. Thomas Anz: *Literatur des Expressionismus*. Stuttgart: Metzler 2010, S. 61–66.

16 Vgl. exemplarisch Mark S. Micale: *Hysterical Men: The Hidden History of Male Nervous Illness*. Cambridge, MA: Harvard UP 2008; Wolfgang U. Eckart: *Medizin und Krieg. Deutschland 1914–1924*. Paderborn: Schöningh 2014, bes. S. 136–161, 301–318.

17 Vgl. exemplarisch Stefan Zweig: Das neue Pathos (1908/09). In: Thomas Anz / Michael Stark (Hrsg.): *Expressionismus. Manifeste und Dokumente zur deutschen Literatur 1910–1920*. Stuttgart: Metzler 1982, S. 575–577.

18 Zit. n. Elster: Nachwort, S. 413.

19 Ebd. (Herv. S. W.).

„Ich stand vom Krankenlager auf und schrieb, ohne über die Form auch nur nachzudenken, – diesen ‚Platz' der Verbrechen [den zweiten Teil der Trilogie: *Platz. Ein Spiel*, S.W.] nieder."[20] Die Logik der Symptomentstehung und -lösung folgt dabei dem Schema der ‚Abreaktion', das Freud und Breuer in den *Studien über Hysterie* beschreiben. Hysterische Symptome werden dort als „Effekte und Reste von Erregungen" klassifiziert, „welche das Nervensystem als Traumen beeinflußt haben. Solche Reste bleiben nicht übrig, wenn die ursprüngliche Erregung durch Abreagieren oder Denkarbeit abgeführt worden ist."[21] Auf diesen „eingeklemmten Affekt" zielt Freuds/Breuers sogenannte „kathartische Methode": „Es ist nun verständlich, wieso die hier von uns dargelegte Methode der Psychotherapie heilend wirkt. *Sie hebt die Wirksamkeit der ursprünglich nicht abreagierten Vorstellung dadurch auf, daß sie dem eingeklemmten Affekte derselben den Ablauf durch die Rede gestattet* [...]."[22] Anders aber als in der von Foucault beschriebenen Logik der Beichte scheint es bei der kathartischen Methode nicht schlicht um das *Aussprechen* zu gehen, sondern vor allem um die affektive – und damit: *quasi-szenische Wiederholung*:

> Wir fanden nämlich, anfangs zu unserer größten Überraschung, *daß die einzelnen hysterischen Symptome sogleich und ohne Wiederkehr verschwanden, wenn es gelungen war, die Erinnerung an den veranlassenden Vorgang zu voller Helligkeit zu erwecken, damit auch den begleitenden Affekt wachzurufen, und wenn dann der Kranke den Vorgang in möglichst ausführlicher Weise schilderte und dem Affekt Worte gab.* Affektloses Erinnern ist fast immer völlig wirkungslos; der psychische Prozess, der ursprünglich abgelaufen war, muss so lebhaft als möglich wiederholt, in statum nascendi gebracht und dann „ausgesprochen" werden.[23]

Indem die expressionistische Suche nach besagtem „neuen Pathos" in expliziter Anlehnung an Friedrich Nietzsche und in Ablehnung der idealistischen Kunstphilosophie auf eine „elektrische Entladung von Gefühl zu Gefühl"[24] oder eine „erhöhte psychische Temperatur"[25] zielt, nimmt sie auch Freuds/Breuers Katharsis-Konzept auf. Dieses

20 Elster: Nachwort, S. 413.

21 Breuer / Freud: *Studien über Hysterie*, S. 105.

22 Ebd., S. 40–41 (Herv. i. Orig.).

23 Ebd., S. 30 (Herv. i. Orig.). Zu diesem szenischen Prinzip der kathartischen Methode vgl. v.a. auch die Krankengeschichte der Frau Emmy v. N., in der Freud die szenische Wiederholung gegenüber der reinen *talking cure* stark macht (ebd., S. 66–124).

24 Zweig: Das neue Pathos, S. 575.

25 Kurt Hiller: Rede zur Eröffnung des Neopathetischen Cabarets (1910). In: Anz / Stark (Hrsg.): *Expressionismus*, S. 439–440, hier S. 440.

basiert auf Jacob Bernays Neulektüre der aristotelischen Katharsis, nicht mehr als die seit Gotthold Ephraim Lessing gängige moralische Läuterung *von* den Leidenschaften, sondern als quasi-physiologisch-medizinischer Reinigungsprozess *durch* die willentliche Erregung der Leidenschaften.[26] Während die *Hysterie-Studien* diesen energetischen Katharsis-Begriff vor allem therapeutisch nutzbar machen wollen, verweist Freud später explizit auf den Zusammenhang von Theater und Affektsteigerung:

> [W]enn der Zweck des Schauspiels dahin geht, „Furcht und Mitleid" zu erwecken, eine „Reinigung der Affekte" herbeizuführen [...], so kann man dieselbe Absicht etwas ausführlicher beschreiben, indem man sagt, es handle sich um eine Eröffnung von Lust- oder Genussquellen aus unserem Affektleben [...].[27]

Nicht nur bei Freud, sondern auch in der expressionistischen Kunsttheorie schließen an diesen neuen Pathosbegriff vor allem wirkungsästhetische Überlegungen an (so etwa bei Wassily Kandinsky). Es ist, wie Thomas Anz bemerkt, ein Forschungsdesiderat, „die Vielfalt der literarischen Emotionalisierungstechniken in der Literatur des expressionistischen Jahrzehnts zu untersuchen".[28] Das kann natürlich auch hier nicht geschehen; ich möchte aber versuchen, einen Aspekt einer Produktionsästhetik des expressionistischen Pathos herauszustellen. Kann der Expressionismus als „Ausdruckskunst des starken Gefühls" beschrieben werden,[29] so werden die im Text diskursivierten Körper zum begehrten Ausdrucksmedium. Als gutes Beispiel nochmal von Unruh:

> Da erwachte ich aus dem Rausch plötzlicher Schaffenslust eines Tages, am ganzen Körper vereitert. Zum Beispiel bildeten sich in den Handflächen wie im Eis eines zugefrorenen Sees lauter Bläschen, – und so tief sie hinunterreichten, so tief löste das Fleisch sich mit fürchterlichem Geruch auf. Das gleiche bildete sich am Kopf und um den Leib! Ich wurde für neun Monate bettlägerich.[30]

26 Vgl. Jacob Bernays: *Grundzüge der verlorenen Abhandlung des Aristoteles über Wirkung der Tragödie* [1857], hrsg. v. Karlfried Gründer. Hildesheim: Olms 1970; Patrick Primavesi: Theater, Szene und Spiel. In: Hans-Martin Lohmann / Joachim Pfeiffer (Hrsg.): *Freud-Handbuch. Leben – Werk – Wirkung*. Stuttgart: Metzler 2006, S. 271–276, hier S. 272–273.

27 Sigmund Freud: Psychopathische Personen auf der Bühne (1942 [1905–6]). In: Ders.: *Studienausgabe*, Bd. 10: Bildende Kunst und Literatur, hrsg. v. Alexander Mitscherlich / Angela Richards / James Strachey. Frankfurt am Main: Fischer 1989, S. 163–168, hier S. 163.

28 Anz: *Literatur des Expressionismus*, S. 165.

29 Ebd., S. 162.

30 Zit. n. Elster: Nachwort, S. 414.

Dass am Körper das Leid zum Ausdruck kommt, schreibt auch Kasimir Edschmid in *Über den dichterischen Expressionismus* (1918): „Der Kranke ist nicht nur der Krüppel, der leidet. Er wird die Krankheit selbst, das Leid der ganzen Kreatur scheint aus seinem Leib“[31]. Ist der Körper aber einmal dergestalt zum Ausdrucksmedium erklärt, stellt sich die Frage nach seiner Lektüre – mehr noch: nach der Lesbarkeit der Körperzeichen. So ist es kein Zufall – und auch mehr als nur Verweis auf das lustvoll-theatrale *setting* von Patientin und Therapeut –, dass von Unruhs Irene Schauspielerin ist und Lulu in Wedekinds *Erdgeist* spielte.[32] Die Lulu nämlich, die der Männerwelt das kleinere Übel gewesen wäre, wäre sie tatsächlich nur jene *femme fatale*, als die sie gerne gelesen wurde: „Schlange“, „Urgestalt des Weibes“, „wahre[s] Tier, [...] wilde[s], schöne[s] Tier“.[33] Tatsächlich aber ist das ‚Gefährliche‘ an Lulus Körper – nicht nur in der frühen, zensierten Fassung der *Monstretragödie* (1894) –, dass er sich nicht, wie Marianne Schuller mit Verweis auf Jacques Lacan zeigt, zu jenem „elementar Gegebene[n] [...] Ursprüngliche[n]“[34] machen lässt. Lulu ist immer schon: Spiel mit den Zeichen, und zwar diesseits der kulturellen, symbolischen Ordnung. Es ist u. a. ihre ‚hysterische‘ Ohnmacht, die diesen Punkt unterstreicht:

> Lulu:
>
> Warum haben Sie mich denn nicht ruhig in Ohnmacht fallenlassen und im stillen dem Himmel dafür gedankt?
>
> Schön:
>
> Weil ich leider keinen Grund hatte, an deine Ohnmacht zu glauben![35]

31 Kasimir Edschmid: Über den dichterischen Expressionismus (Auszug). In: *Theorie des Expressionismus*, hrsg. v. Otto F. Best. Erw. Aufl. Stuttgart: Reclam 2007, S. 55–67, hier S. 58.

32 Unruh: Dietrich, S. 188. Vgl. Rudolf Kaysers emphatische Einschätzung: „Am Anfang steht Wedekind. Er ist der erste Expressionist; die Intensität seiner Gefühle durchbricht die Konventionsmauern seines Jahrhunderts.“ (Zit. n. Paul Pörtner: Vorwort. In: Joachim Schondorff (Hrsg.): *Deutsches Theater des Expressionismus. Wedekind, Lasker-Schüler, Barlach, Kaiser, Goering, Jahnn*. München: Langen Müller 1962, S. 7–22, hier S. 13.

33 Frank Wedekind: *Lulu*. Stuttgart: Reclam 1989, S. 8–9. Zur *femme fatale* vgl. Ruth Florack: Erotik als Provokation und Projektion. Zu Frank Wedekinds Lulu. In: Ortrud Gutjahr (Hrsg.): *Lulu von Frank Wedekind. GeschlechterSzenen in Michael Thalheimers Inszenierung am Thalia Theater Hamburg*. Würzburg: Königshausen & Neumann 2006, S. 19–28, hier S. 19–22.

34 Marianne Schuller: Lulu oder das Geheimnis der Szene. In: Gutjahr (Hrsg.): *Lulu von Frank Wedekind*, S. 107–116, hier S. 110.

35 Wedekind: *Lulu*, S. 70.

Zur Verhandlung steht hier nicht die Echtheit oder Falschheit der Körperzeichen, sondern – viel grundsätzlicher – der nicht vorhandene Grund, von dem aus über beides überhaupt entschieden werden könnte. Wie Freuds/Breuers Hysterikerinnen, deren Symptome sich beständig wandeln, wird Lulu zur Projektionsfläche der ‚männlichen' Bilder und Lektüren, während „das begehrte Subjekt unter dem Namen Weiblichkeit versperrt [ist]."[36] Was dann bleibt, benennt Groddeck – nebenbei – in seinem Aufsatz „Unbewußtes und Sprache" (1926) als „Spiel mit der Sprache, weiter nichts."[37]

Es kann als ein ironischer Kommentar zu diesem Zeichen-Spiel der Körper gelesen werden, dass in von Unruhs *Dietrich* die ‚Verdrängung' psychosomatischer Symptom- und Darstellungslogiken als eine Sehnsucht nach Ordnung und Sichtbarkeit der Körper ausgewiesen wird:

> Arzt
> Sehn Sie sich's an! Ihr Corpus, – wunderbar!
> *er zeigt die Aufnahmen vergrößert*
> Dietrich *staunend vor den Filmen*
> Jedes Organ, – höchst sinnreich! welcher Aufbau des
> Darms im Becken! fast harmonisch ...[38]

Während auch Röntgenbilder ganz offensichtlich der „Auslegung bedürfen, [...] Anlass zu komplexen, keineswegs rein wissenschaftlichen Erzählungen [geben]"[39], tritt in der hiesigen ‚Bildbeschreibung' vor allem eine Sehnsucht nach unmediatisierter, epiphanieartiger Sichtbarkeit zu Tage. Aber mehr noch: Der sichtbare Körper artikuliert mithin die Sehnsucht nach harmonischer Organizität:

> Dietrich
> Blutkreislauf, Zellen, Atome, – alles wie ein Wunder ...
> Arzt *nickt*
> Wird es gestört, dies Wunder, dann –
> Irene
> Was? dann?

36 Schuller: Lulu, S. 110.

37 Georg Groddeck: Unbewußtes und Sprache. In: Ders.: *Psychoanalytische Schriften zur Literatur und Kunst*, hrsg. v. Helmuth Siefert. Frankfurt am Main: Fischer 1978, S. 97–104, hier S. 104.

38 Unruh: Dietrich, S. 193.

39 David B. Morris: *Krankheit und Kultur. Plädoyer für ein neues Körperverständnis*, aus d. Engl. v. Barbara Steckhan / Thomas Wollermann / Bernhard Jendricke. München: Kunstmann 2000, S. 335.

Arzt *grinst*
Dann sind wir eben krank.
Dietrich
Welch Gottgeheimnis!
Und so ist jeder Mensch gebaut?
Arzt:
Yes! jeder.[40]

Fragt man also, welchen Stellenwert der Diskurs der Psychosomatik im Expressionismus einnimmt, so lässt sich ausblickend spekulieren: Nicht nur ein Krankheits-, sondern ein *Menschen*bild findet Verhandlung. Im oft beschworenen ‚erneuerten Menschen' klingt Johann Gottfried Herders ‚ganzer Mensch' wider, der zur diskursiven Geburtsstunde des Psychosomatischen im 18. Jahrhundert gehört.[41] Wo Psychosomatik auftaucht, so ließe sich weiter spekulieren, strebt sie nach ‚Ganzheitlichkeit', sieht sich aber diversen Bewegungen der ‚Sprengung' ausgesetzt – auf diskursiver und ästhetischer Ebene. Psychosomatik wird im Expressionismus expliziter politisch gewendet, etwa in Konzepten des ‚Volkskörpers' oder der ‚Menschheitsfamilie': Nicht nur in von Unruhs Trilogie *Ein Geschlecht*, sondern auch in Texten wie Ernst Tollers *Hinkemann* (1921–22) oder – weniger offensichtlich – bei Walter Hasenclever. So ist z. B. *Der Sohn* (1914) durchzogen von psychosomatischer Symptomlogik – die in jener absurden Lösung der Handlung gipfelt, in der dem Sohn, zum Vatermord entschlossen, der Vater vor der gezückten Pistole am Herzschlag wegstirbt: offenbar als Reaktion auf die psychische Konfliktlage. Aufgefangen wird diese Kontingenz der psychosomatischen Kreatur und der Dramaturgie in der letzten Szene: Während die gängige Lesart des Stücks auf die Bewegung der Rebellion gegen die väterliche Autorität und die Befreiung der Generation der Söhne abhebt, erzählt der andere Teil des *double plot* von einer Sehnsucht nach (verlorener) versöhnlicher ‚Ganzheit': „Vermischt sich Heimat mit dem Wunderland",[42] „[d]enn dem Lebendigen mich zu verbünden, / hab ich die Macht des Todes nicht gescheut."[43]

40 Unruh: Dietrich, S. 194.

41 Vgl. zur Entstehung der Psychosomatik im 18. Jahrhundert Marion Schmaus: *Psychosomatik. Literarische, philosophische und medizinische Geschichten zur Entstehung eines Diskurses (1778–1936)*. Tübingen: Niemeyer 2009.

42 Walter Hasenclever: *Der Sohn. Ein Drama in fünf Akten*. Stuttgart: Reclam 1994, S. 110.

43 Ebd., S. 111. Bei Hasenclever wie auch in von Unruhs *Ein Geschlecht* ist es die Figur der Mutter, die für diese neue / alte Ganzheit steht.

Vor diesem Hintergrund ist es kein Zufall, dass das expressionistische Theater im Anschluss an Konzepte des ‚Gesamtkunstwerks' nach einem ‚Totaltheater' suchte,[44] während diese ‚Ganzheit' zugleich immer von jenen nicht nur antagonistischen, sondern *dissoziativen* Kräften bedroht ist, die die expressionistische Dramatik in so besonderem Maße prägen: Geist und Körper, Logos und Sexus (einschlägig etwa bei Oskar Kokoschka, der nicht umsonst als „Gründer des expressionistischen Theaters"[45] gehandelt wird).
Dass das bei weitem kein reiner Thematismus ist, kann ein letztes Mal mit von Unruh gezeigt werden: Die psychosomatische ‚Sprengkraft' entwickelt hier nicht nur jenen Hang zum allumfassenden Pathos, sondern zeigt sich zugleich als Dissoziation bis in die Sprache hinein: *Dietrich* durchmischt das Deutsche der Figurenrede mit englischen Sprachpartikeln. Das betont nicht nur die Exilsituation der Figuren, sondern unterstreicht zugleich den letztlich prekären Status jedweder Zeichen und ihrer Lesbarkeit – sowie die ‚Zerrissenheit' der kommunikativen Szene, mithin – in diesem konkreten Fall – der in Aussicht stehenden Heilung. So geht jene eingangs zitierte Szene folgendermaßen weiter:

> Irene
> Atemnot?
> Dietrich
> Wie beim Ersticken!
> Irene *eilt zum Telephon*
> Doktor! ich bin's! ich bin's!
> Verzeihen Sie die Störung! Yes! 'ne Herzattacke!
> Seit gestern schon die dritte ... Unterbrochen?
> *legt den Hörer hin.*

An Diskurs und Poetik der Psychosomatik scheint genau diese Dopplung zur Debatte zu stehen: Die Sehnsucht nach Glück und Ordnung und das Wissen um deren abschließende Unmöglichkeit.[46] Vor allem in diesem Sinne wird der psychosomatische ‚Wahnsinn' zum Politikum.

44 Vgl. Pörtner: Vorwort, S. 10–11.
45 Ebd., S. 10.
46 Vgl. zu diesem Doppelmoment Elisabeth Bronfen: Die Sprache der Hysterie als Reartikulation des humanistischen Projekts im Zeichen der Geschlechterdifferenz. In: *figurationen* 0 (1999), S. 20–34, hier bes. S. 32–34.

Melancholische Schizophrenie

Dissoziation als Dispositiv in expressionistischer Lyrik

Klaus Schenk

In der Literatur des Expressionismus zeigen zeitgenössische Diskurse über Wahnsinn ihre Wirkung. Im Grenzgang zwischen pathologischen und poetologischen Lesarten tragen Interpretationsversuche zum Wahnsinn in der Literatur des Expressionismus allerdings auch die Spuren der Dispositive, aus denen ihre Gegenstände hervorgingen. Besonders die expressionistische Lyrik wurde für die Verknüpfung von Krankheit und Dichtung immer wieder in Anspruch genommen. In folgendem Beitrag soll von Diskursen über Schizophrenie ausgegangen werden, um an einem Beispiel aus der Lyrik des Expressionismus zu skizzieren, wie sich die Lesbarkeit melancholischer Topoi zum Dispositiv der Dissoziation verhält.

Klassifikationen des Wahnsinns

Die enge Verflechtung von Expressionismus und Wahnsinn fällt in eine Zeit,[1] in der psychiatrische Einschätzungen von Krankheitsbildern im Fluss waren und sich wesentliche Änderungen bei der Klassifikation von psychischen Krankheiten ergaben. Michel Foucault beschreibt in seiner frühen Arbeit *Maladie mentale et personnalité*[2] (1954), wie die Psychopathologie versucht, ihre Methodik von der organischen Pathologie abzuleiten, und dabei vor allem zwei Postulaten folgt:

> Zunächst wird postuliert, daß Krankheit eine Essenz ist, eine spezifische Entität. Auffindbar durch die Symptome, in denen sie sich äußert, aber früher vorhanden als diese und gewissermaßen unabhängig von ihnen; so wird ein schizophrener Fundus beschreiben, der unter zwanghaften Symptomen versteckt ist, wird von verkapptem Wahn gesprochen, wird hinter einer manischen Krise oder einer depressiven Episode die Entität eines manisch-depressiven Irreseins

1 Vgl. dazu Silvio Vietta / Hans-Georg Kemper: *Expressionismus.* München: Fink 1983, S. 155–156, 182–185. Vgl. auch Thomas Anz: *Literatur des Expressionismus.* Stuttgart / Weimar: Metzler 2010, S. 84–90.

2 Michel Foucault: *Maladie mentale et personnalité.* Paris: PUF 1954.

> angenommen. Neben diesem Vorurteil über die Essenz gibt es gleichsam um das Abstrakte daran zu kompensieren, ein naturalistisches Postulat, das die Krankheit zur botanischen Spezies erhebt; die in jeder nosographischen Gruppe hinter der Vielgestalt der Symptome angenommene Einheit wäre so etwas wie die Einheit einer durch ihre permanenten Kennzeichen definierten und in Untergruppen aufgeteilten Gattung [...].[3]

In Anlehnung an die organische Medizin hat sich eine Pathologie der Psyche entwickelt, die versucht, Krankheitsbilder über die „sie indizierenden Zeichen zu entziffern"[4] und zu gruppieren. Überlieferte Krankheitsbilder begannen sich durch die Versuche der Klassifizierung zu verschieben, wie es sich etwa im Bereich der Melancholie verfolgen lässt. Bereits vor der Jahrhundertwende wurden die „gegensätzlich scheinenden melancholischen und manischen Episoden" zu einer „einheitlichen Krankheit, dem manisch-depressiven Irresein",[5] zusammengefasst. Das Paradigma der Melancholie verband sich in dieser Hinsicht mit dem Bereich der Manie und verlor dadurch sein klassifikatorisches Primat als Krankheitsbild. Neben dieser Auflösung von tradierten Krankheitsbildern konnten ebenso neue Gruppierungen entstehen. Im Zuge dieser Entwicklung fasste Emil Kraepelin (1896) in seinen Arbeiten eine Reihe von „Krankheitsbildern" unter dem Namen *Dementia praecox* zusammen, „deren gemeinsame Eigentümlichkeit der Ausgang in eigenartige Schwächezustände bildet".[6] Damit hatten sich zwei Krankheitsgruppen herausgebildet: das manisch-depressive Irresein und die *Dementia praecox*. Bahnbrechend konnte Eugen Bleuler die ungünstigen Verlaufshypothesen Kraepelins zur *Dementia praecox* jedoch revidieren und den Ausgang der Krankheit in Demenz bestreiten. In seinem Vortrag „Die Prognose der Dementia praecox (Schizophreniegruppe)" vor dem Deutschen Verein für Psychiatrie (1908) verwendet er dafür den Begriff der *Schizophrenie* ebenso in seiner Schrift *Dementia praecox oder die Gruppe der Schizophrenien* aus dem Jahre 1911, wo er die Namensgebung wie folgt begründet: „Ich nenne die Dementia

3 Michel Foucault: *Psychologie und Geisteskrankheit.* Frankfurt am Main: Suhrkamp 1968, S. 16–17.

4 Ebd., S. 11.

5 Heinz Häfner: *Das Rätsel Schizophrenie: Eine Krankheit wird entschlüsselt.* München: Beck 2000, S. 56.

6 Emil Kraepelin: *Psychiatrie. Ein Lehrbuch für Studierende und Ärzte.* 7., überarb. Aufl., Bd. 2: Klinische Psychiatrie. Leipzig: Barth 1904, S. 176. Vgl. Häfner: *Das Rätsel Schizophrenie*, S. 66.

praecox *Schizophrenie*, weil, wie ich zu zeigen hoffe, die Spaltung der verschiedensten psychischen Funktionen eine ihrer wichtigsten Eigenschaften ist.“[7] Kraepelin wiederum reagiert darauf in der Neuauflage seines Lehrbuchs zur *Psychiatrie* (1913) mit folgender Bemerkung:

> Andere Forscher betonen die eigentümliche Störung des inneren psychischen Zusammenhangs bei unseren Kranken und bezeichnen das Leiden als „Dementia dissociativa“, „dissecans“ „sejunctiva“ oder mit Bleuler als „Schizophrenie“. Es bleibt abzuwarten, wie weit sich der eine oder andere dieser Namen einbürgern wird.[8]

Die Entstehung eines Diskurses, der sich unter der Krankheitsbezeichnung ‚Schizophrenie‘ formiert, lässt sich fast zeitgleich mit dem Debüt des literarischen Expressionismus beobachten. Ein neues Krankheitsbild hat sich formiert, dessen „Grundsymptome“ Bleuler folgendermaßen beschreibt:

> Die Assoziationen verlieren ihren Zusammenhang. Von den tausend Fäden, die unsere Gedanken leiten, unterbricht die Krankheit in unregelmäßiger Weise da und dort bald einzelne, bald mehrere, bald einen großen Teil. Dadurch wird das Denkresultat ungewöhnlich und oft logisch falsch. Ferner schlagen die Assoziationen neue Bahnen ein, von denen uns bis jetzt folgende bekannt sind: Zwei zufällig zusammentreffende Ideen werden miteinander in einen Gedanken verbunden, wobei die logische Verknüpfung durch die Umstände bestimmt wird. Klangassoziationen bekommen eine ungewohnte Bedeutung ebenso die mittelbaren Assoziationen. Zwei oder mehrere Ideen werden in eine verdichtet. Die Neigung zu Stereotypisierung bewirkt, daß der Gedankengang an einer Idee hängenbleibt, oder daß der Kranke immer wieder auf die gleichen Ideen zurückkommt.[9]

Was Bleuer mit der Terminologie einer Ideenassoziation erfasst, folgt der Dynamik einer Dissoziation, die für pathologische wie für textuelle Lesbarkeiten gleichermaßen in Anspruch genommen werden kann. Bereits im Programm der literarischen Romantik hatte Novalis in seinen *Fragmenten* formuliert: „Erzählungen, ohne Zusammenhang, jedoch mit Assoziation, wie *Träume*. Gedichte, bloß *wohlklingend* und

7 Eugen Bleuler: *Dementia praecox oder die Gruppe der Schizophrenien*. Leipzig/ Wien: Deuticke 1911, S. 5.

8 Emil Kraepelin: *Psychiatrie. Ein Lehrbuch für Studierende und Ärzte*. 8., überarb. Aufl., Bd. 3, II. Teil: Klinische Psychiatrie. Leipzig: Barth 1913, S. 670.

9 Bleuler: *Dementia praecox oder die Gruppe der Schizophrenien*, S. 10. Vgl. auch Gunther Kleefeld: *Das Gedicht als Sühne. Georg Trakls Dichtung und Krankheit. Eine psychoanalytische Studie*. Tübingen: Niemeyer 1985, S. 14.

voll schöner Worte, aber auch ohne allen Sinn und Zusammenhang – höchstens einzelne Strophen verständlich – sie müssen, wie lauter Bruchstücke aus den verschiedenartigsten Dingen [sein].“[10] In der romantischen Poetik zeichnet sich eine Öffnung gegenüber dem Heterogenen ab, wie sie auch für die Literatur der Moderne nach 1900 und vor allem für den literarischen Expressionismus relevant wird. In ihrer doppelten Lesbarkeit begründet Bleulers Charakteristik der Symptomatik von Schizophrenie auch die Frage nach dem Zusammenhang zwischen Krankheitsbild und moderner Kunst bzw. Literatur. Früh schon wurden Texte von Schizophrenen veröffentlicht und bereits in der Phase des literarischen Expressionismus entstanden entsprechende Sammlungen. Dem literarischen Formgeschmack seiner Zeit verpflichtet bemerkte Bleuler allerdings dazu:

> Dichterisches Talent leidet natürlich schwer unter dem schizophrenen Ideengang, der Zerfahrenheit, der Gefühllosigkeit, der Geschmacklosigkeit und dem Mangel an Produktivität und Initiative. Wenn auch ziemlich viel schizophrene Dichtungen gedruckt werden, so kommt selten etwas dabei heraus. Am besten ist es noch, wenn die Sachen nur unbedeutend sind; meist sind sie ganz ungenießbar.[11]

Dennoch führt Bleuler vor allem die späten Gedichte Hölderlins aus der Phase seiner geistigen Zerrüttung als Beispiele für schizophrene Dichtung an und gesteht sogar zu:

> Es ist nicht auszuschließen, daß eine ganz leichte Schizophrenie für künstlerische Produktivität geradezu günstig sei. Die Unterordnung aller Gedankenverbindungen unter einen Komplex, die Neigung zu neuen, ungewohnten Gedankengängen, die Unbekümmertheit um die Tradition, der Mangel an Gêne müssen günstig wirken, wenn diese Eigenschaften nicht überkompensiert werden durch die eigentlichen Assoziationsstörungen.[12]

Es wird Wilhelm Reich sein, der in seiner Arbeit *Die schizophrene Spaltung* (1949) nicht nur die gesellschaftliche Dimension der Krankheit, sondern auch den Zusammenhang von künstlerischer Sensibilität und Schizophrenie betont.[13] In den 1960er und 1970er Jahren gehen vor

10 Novalis: Fragmente und Studien 1799–1800. In: Ders.: *Werke. Studienausgabe*, hrsg. v. Gerhard Schulz. München: Beck 1987, S. 519–567, hier S. 535.

11 Bleuler: *Dementia praecox oder die Gruppe der Schizophrenien*, S. 72.

12 Ebd., S. 73–74.

13 Wilhelm Reich: Die schizophrene Spaltung, aus d. Amerik. v. Karl H. Bönner. In: Ders.: *Charakteranalyse*. Frankfurt am Main: Fischer 1983, S. 389–503. Vgl. Winfried

allem die Arbeiten von Leo Navratil von einem Zusammenhang zwischen Schizophrenie und Dichtkunst aus, in dem sich die Symptomatik in Texten von Patienten zeigt.[14] Die Verbindung von Wahnsinn und Literatur verkennt allerdings, dass die Verschiebungen, wie sie sich nach 1900 in den Einteilungen der Psychopathologie zeigen, auch eine performative Seite entwickeln. Der Diskurs der Schizophrenie wird performativ in einer Literatur, die die romantische Heterogenität noch einmal radikalisiert. Arbeiten wie *Schizophrene Dichter* (1986) von Navratil[15] können daher als nachträgliche Begründung einer Affinität verstanden werden, die die expressionistische Literatur erst möglich machte. Ein Krankheitsbild und eine lyrische Schreibweise durchdringen sich in einer dissoziativen Lesbarkeit, wie sie unter dem Paradigma der Schizophrenie zusammengefasst wird.

Die Produktivität der Schizophrenie

Das Interesse an der Kunst psychisch Kranker zeichnet sich in der Epoche des literarischen Expressionismus besonders deutlich ab. Mit den Entwicklungen der Psychopathologie geht eine Sammlertätigkeit einher, wie sie besonders durch den von Hans Prinzhorn herausgegebenen Band zur *Bildnerei der Geisteskranken* aus dem Jahr 1922 bekannt wurde. Prinzhorn folgte selbst der Schule von Eugen Bleuler in der systematischen Einteilung von psychischen Krankheiten. Aus den Beständen der Psychiatrischen Klinik in Heidelberg legte Prinzhorn eine Bandbreite an Bildmaterialien vor, die nicht nur wie bisher für die Fachwelt, sondern auch für die interessierte Öffentlichkeit zugänglich gemacht wurden. In seinem „Vorwort" bemerkt Prinzhorn, „daß weitaus am ergiebigsten die Schizophrenen in dieser Hinsicht sind. Die Phantastik, Unsinnigkeit, Inkohärenz, Stereotypie, Iteration usf. in ihren Bildwerken zwingt immer wieder dazu, gerade in den schizophrenen Produktionen eine noch unbenutzte Quelle psychiatrischer Erkenntnis zu sehen."[16] In seiner „Zusammenfassung" kann Prinzhorn auf die Verbindung zur zeitgenössischen Kunst hinweisen:

Kudszus: Literatur, Soziopathologie, Double-bind. Überlegungen zu einem Grenzgebiet. In: Ders. (Hrsg.): *Literatur und Schizophrenie. Theorie und Interpretation eines Grenzgebiets.* Tübingen: Niemeyer 1977, S. 135–163, hier S. 147.

14 Vgl. Leo Navratil: *Schizophrenie und Kunst.* München: dtv 1965; ders.: *Schizophrenie und Sprache.* München: dtv 1966.

15 Leo Navratil: *Schizophrene Dichter.* Frankfurt am Main: Fischer 1994.

16 Zit. n. der Ausgabe: Hans Prinzhorn: *Bildnerei der Geisteskranken. Ein Beitrag*

> Ungeübte Geisteskranke, besonders Schizophrene, schaffen nicht selten Bildwerke, die weit in den Bereich ernster Kunst ragen und im einzelnen oft überraschende Ähnlichkeiten zeigen mit Bildwerken der Kinder, der Primitiven und vieler Kulturzeiten. Die engste Verwandtschaft aber besteht zu der Kunst unserer Zeit und beruht darauf, daß diese in ihrem Drange nach Intuition und Inspiration seelische Einstellungen bewußt erstrebt und hervorzurufen sucht, die zwangsläufig in der Schizophrenie auftreten.[17]

Mit seiner Sammlung entwirft Prinzhorn ein Paradigma der ‚schizophrenen Gestaltung', das er eng an den Zeitkontext des Expressionismus bindet.[18] Gerade die Sammlung von Prinzhorn konnte von den Nationalsozialisten als Propagandamittel in der Ausstellung *Entartete Kunst* missbraucht werden, um die expressionistische Kunst zu diffamieren.[19]

Bereits vor Prinzhorns Kunstsammlung aber wurden auch poetische Versuche von psychisch Kranken publiziert und diskutiert.[20] Als eindrückliches Beispiel für die Untersuchung über den Zusammenhang zwischen Wahnsinn und Literatur kann besonders die von Alexander Mette im Jahr 1928 veröffentlichte Arbeit *Über Beziehungen zwischen Spracheigentümlichkeiten Schizophrener und dichterischer Produktion* gelten.[21] Mette bezieht sich in exponierter Weise auf einen Vergleich zwischen poetischen Versuchen von psychisch Kranken und der lyrischen Schreibweise des Expressionismus. Dabei konnte er auch auf Beispiele aus der Arbeit von Richard Arwed Pfeiffer *Der Geisteskranke und sein Werk* (1923) zurückgreifen, der in Anlehnung an Prinzhorn zunächst Bilder bzw. Zeichnungen, aber ebenso Textbeispiele in seine *Studie über schizophrene Kunst* aufnahm.[22] Im Fokus der Arbeit von Mette steht vor allem ein Vergleich der Sprachgebung in expressionistischer Lyrik mit

zur Psychologie und Psychopathologie der Gestaltung, mit einem Geleitwort von Gerhard Roth. 4. Aufl. Wien / New York: Springer 1994, S. 5.

17 Ebd., S. 349.

18 Ebd., S. 342–348.

19 Vgl. Stephanie Barron (Hrsg.): *„Entartete Kunst". Das Schicksal der Avantgarde im Nazi-Deutschland.* Ausstellungskatalog. München: Hirmer 1992, S. 12, 403.

20 Als Vorläufer nennt Prinzhorn: *Bildnerei der Geisteskranken*, S. 352, Anm. 2, z. B. Marcel Réjà: *L'art chez les fous. Le dessin, la prose, la poésie.* Paris: Mercure de France 1908.

21 Alexander Mette: *Über Beziehungen zwischen Spracheigentümlichkeiten Schizophrener und dichterischer Produktion.* Dessau: Dion 1928.

22 Richard Arwed Pfeifer: *Der Geisteskranke und sein Werk. Eine Studie über schizophrene Kunst.* Leipzig: Kröner 1923.

Gedichten von psychisch Kranken,[23] indem er den „auffälligen Reichtum der Schizophreniesprache an ungewöhnlichen Bildungen"[24] verfolgt. Wie Kai Sammet bemerkt, zeigt die Arbeit Mettes „eine Art Rebound-Effekt. Erkenntnisse über Kreativität fördern das Wissen über die Schizophrenie. Mette behauptete, dass hinter der Ähnlichkeit von Krankheit und Kunst ein ‚verzweigtes Nebeneinander' einer ‚einheitlichen Gesamterscheinung' steckt."[25] Um die enge Verbindung von Schizophrenie und Kreativität zu untermauern, schildert Mette poetische Produktionen von Patienten, die er an die Hölderlin-Interpretation von Norbert von Helingrath anbindet. Als Beispiel vergleicht Mette auch das Gedicht *Die Menschheit* von August Stramm mit dem Gedicht *Für immer Auszuruhn* eines Schizophrenen,[26] was ihn zu Strukturähnlichkeiten führt. Die Lyrik des Expressionismus dient somit als Bindeglied zwischen Krankheit und Literatur mit einer schizophrenen Symptomatik, wie sie Bleuler erkannte. Die Anfangszeilen des im Paralleldruck wiedergegebenen Vergleichs lauten:

Der Kranke:	Aus Stramms „Die Menschheit"
Es webt!	– – – – – –
Hoffnung!	Schatten dampfen
Licht!	Weiche blasse
Licht!	Fließen fließen
Nahrung!	Wallen wogen
Vertilgt!	Hart und härter
Abgestoßen!	Runden Formen
Entwickelt!	Ungetüme
Entwickelt!	Ungetüme
Weiter!	Ungefüge
Herum!	Leiber
Empor!	Leiber
[…]	[…][27]

23 Kai Sammet: Wozu man die Schizophrenie gebrauchen kann. Semantik, Pragmatik, Öffentlichkeit(en) zwischen ca. 1910 und 1930. In: Heinz-Peter Schmiedebach (Hrsg.): *Entgrenzungen des Wahnsinns: Psychopathie und Psychopathologisierungen um 1900*. Berlin / Boston: de Gruyter 2016, S. 45–62, hier S. 49–52.

24 Mette: *Über Beziehungen zwischen Spracheigentümlichkeiten Schizophrener und dichterischer Produktion*, S. 9.

25 Sammet: Wozu man die Schizophrenie gebrauchen kann, S. 50.

26 Vgl. dazu S. Peter Gorsen: Literatur und Psychopathologie heute. Zur Genealogie der grenzüberschreitenden bürgerlichen Ästhetik. In: Kudszus (Hrsg.): *Literatur und Schizophrenie*, S. 13–68, hier S. 16.

27 Mette: *Über Beziehungen zwischen Spracheigentümlichkeiten Schizophrener und dichterischer Produktion*, S. 60.

In beiden Texten erkennt Mette einen „Rhythmus als Gestaltungsprinzip der Gegenwart“[28], wie es Lothar Schreyer für die expressionistische Lyrik postulierte. Das aus der Arbeit von Pfeifer entlehnte Beispiel hatte dieser wie folgt eingeleitet: „Zum Schluß möchte ich noch einen typischen Ausschnitt aus der Stilrhythmik geben, mit der der Kranke Dutzende von Bogen Papier bedeckt hat, zuletzt in manieriert entstellter, kaum leserlicher Schrift.“[29] Dem Gedicht des Kranken gesteht Mette zu: „Ohne Frage ist die rhythmische Fügung der Reihen, verglichen mit dem lückenlosen Fluß Strammscher Rhythmik, unvollkommen. Die Sprache steht auch in ihren übrigen Elementen weit hinter der schöpferischen Größe des Dichters zurück.“[30] Dennoch findet er in dem Gedicht auch Passagen, die „fast ohne Einschränkungen den Gesetzen unmittelbarer expressionistischer Wortgestaltung entsprechen“.[31] Wie zahlreiche seiner Nachfolger versucht Mette, die Verbindung zwischen expressionistischer und psychisch kranker Produktivität zu essentialisieren. Die Symptomatik wird daher nicht nur der Krankheit, sondern auch den Texten zur vorgängigen Essenz. Walter Benjamin rezensierte den Band von Mette daher mit folgender Kritik:

> Denn die Intentionen des Autors sind bei weitem nicht tief und umfassend genug, um das Operieren mit so gefährlichen Sprachgemengen zu rechtfertigen. Weder die Schizophrenie noch die Lyrik sind hier neu, ja überhaupt nur gedacht worden. Darum hat dies Spiel mit Symptomen, dies Kombinieren schizophrener und lyrischer Texte etwas Desperates. Dem Verfasser fehlte die Entschlossenheit, seine scharfen und glücklichen Analysen für eine Theorie der Krankheit zu verwerten, ja ihr zugrunde zu legen, statt sie in einer Psychologie des lyrischen Dichters zu strapazieren.[32]

Während Mette die Suche nach Symptomen auf die Analyse der Texte verlängert, hat Benjamin in der poetischen Produktion seiner Zeit eine

28 Lothar Schreyer: Expressionistische Dichtung. In: Otto F. Best (Hrsg.): *Theorie des Expressionismus*. Stuttgart: Reclam 1976, S. 170–181, hier S. 173. Vgl. Mette: *Über Beziehungen zwischen Spracheigentümlichkeiten Schizophrener und dichterischer Produktion*, S. 61.

29 Pfeifer: *Der Geisteskranke und sein Werk*, S. 102.

30 Mette: *Über Beziehungen zwischen Spracheigentümlichkeiten Schizophrener und dichterischer Produktion*, S. 61.

31 Ebd.

32 Walter Benjamin: Zwei Bücher über Lyrik. In: Ders.: *Gesammelte Schriften*, Bd. III, hrsg. v. Hella Tiedemann-Bartels. Frankfurt am Main: Suhrkamp 1972, S. 162–166, hier S. 165. Vgl. ebd., S. 633: Rezension im Literaturblatt der *Frankfurter Zeitung*, 21.04.1929 (Jg. 62, Nr. 16).

viel radikalere Tendenz offengelegt, wenn er zeigt, wie Lyrik in der Dissoziation ihre eigene Aura zerstört. Der Höhepunkt der Dissoziation scheint erreicht im Dadaismus, für den Walter Benjamin in seinem Aufsatz *Das Kunstwerk im Zeitalter seiner technischen Reproduzierbarkeit* mit Bezug auf August Stramm reklamiert: „Ihre Gedichte sind ‚Wortsalat', sie enthalten obszöne Wendungen und allen nur vorstellbaren Abfall der Sprache."[33] In den 1920er Jahren beginnt die Psychopathologie einerseits, sich besonders für die poetische Produktivität von Schizophrenen zu interessieren. Andererseits geraten Symptomatik und poetischer Text in eine zirkuläre Bewegung. Die Figur des ‚Schizophrenen' konnte längst zum Topos in der zeitgenössischen Lyrik aufsteigen, wie Texte mit entsprechenden Titeln und Themen zeigen. So lautet z. B. die erste Strophe des Gedichts *Der Schizophrene* aus Hugo Balls *Schizophrenen Sonetten* (1924), die er nach der Lektüre von Prinzhorns *Bildnerei der Geisteskranken* verfasste, wie folgt:

Der Schizophrene

Ein Opfer der Zerstückung, ganz besessen,
Bin ich – wie nennt ihrs doch? – ein Schizophrene.
Ihr wollt, dass ich verschwinde von der Szene,
Um euren eigenen Anblick zu vergessen.[34]

Emmy Ball-Hennings kann dazu bemerken: „Der Schizophrene aber, ein Typ, der in unserer Zeit so überaus häufig vorkommt, jener vielfältige, Beziehungslose, der in seinem Weltgefühl erschüttert und zerstört ist, bedeutete für Ball eine lebendige Zeitkritik, der seine größte Aufmerksamkeit gewidmet war."[35] Die schizophrene Dissoziation wird zum Epochenmerkmal, für das neben der expressionistischen Phase vor allem der Dadaismus und der Futurismus einstehen. In seinen

33 Walter Benjamin: Das Kunstwerk im Zeitalter seiner technischen Reproduzierbarkeit. Zweite Fassung. In: Ders.: *Gesammelte Schriften*, Bd. I.2, hrsg. v. Rolf Tiedemann / Hermann Schweppenhäuser. Frankfurt am Main: Suhrkamp 1974, S. 471–508, hier S. 502.

34 Hugo Ball: *Schizophrene Sonette*. In: Ders.: *Sämtliche Werke und Briefe*, Bd. 1: Gedichte, hrsg. v. Eckhard Faul. Göttingen: Wallstein 2007, S. 90–98, hier S. 95, vgl. ebd., S. 241. Vgl. auch das Gedicht *Was die Irre sprach* von Joachim Ringelnatz: *Das Gesamtwerk in sieben Bänden*, Bd. 1: Gedichte I, hrsg. v. Walter Pape. Berlin: Henssel 1984, S. 347–348, hier S. 347: „Wir armen Schizophrenen! / Wir sind nur ein Begriff. / Wir lassen uns endlos dehnen. / Aber es war ein englisches Schiff".

35 Emmy Ball-Hennings: Rebellen und Bekenner, zit. n. Ball: *Sämtliche Werke und Briefe*, Bd. 1, S. 241.

Bemerkungen aus *Geschichte der Weltliteratur in einer Stunde* (1923) kann Klabund (alias Alfred Henschke) den Aspekt des Schizophrenen auf die literarische Situation seiner Zeit projizieren:

> Wir leben in einer ‚ver-rückten' Zeit, und damit ist mehr gesagt, als zuerst erscheinen mag. Denn das gemeinsame Kennzeichen aller ekstatischen Epochen ist der schizophrene Geisteszustand. Der assoziative Zusammenhang ist gespalten (Dadaismus, Futurismus). Wirklichkeit und Traum werden auseinandergehalten (Expressionismus). Raum und Zeit werden relativiert (Einstein).[36]

Aber auch die literaturwissenschaftliche Einordnung des Expressionismus setzt einen vielgestaltigen Begriff von „Ichdissoziation" zentral als „grundlegende Strukturkrise des modernen Subjekts, eine Krise, die [...] vielfältig begründet ist: ökonomisch, politisch, sozialpsychologisch, wahrnehmungspsychologisch, weltanschaulich und wesentlich erkenntnistheoretisch."[37] Zu Recht warnen Silvio Vietta und Hans-Georg Kemper davor, die psychopathologische Dimension dabei zu favorisieren: „Die Psychologie, z. B. die Schizophrenieforschung, hält nur unzureichende Modelle für die hier angedeuteten Phänomene parat."[38] Dennoch haben der psychopathologische Diskurs und die Problematik einer radikalen Dissoziation ihre lesbaren Spuren in Analysen und Interpretationen expressionistischer Lyrik hinterlassen.

Dissoziation und Melancholie

Ungeachtet der Verschiebungen von Krankheitsbildern in der Psychopathologie, in der für die Melancholie kein eigenständiger Platz mehr bleibt, wirkt das kulturelle bzw. literarische Paradigma unbeschadet fort. Melancholiegedichte gehören zum Grundbestand des literarischen Expressionismus. In einer weiteren Perspektive lässt sich fragen, ob der Melancholiediskurs nicht allererst eine Problematik der Repräsentation von Literatur thematisiert.[39] Die allegorische Dimension der Melancholie

36 Klabund: *Geschichte der Weltliteratur in einer Stunde*. Leipzig: Duerr & Weber 1923, S. 8.

37 Vietta/Kemper: *Expressionismus*, S. 186–194, hier S. 186.

38 Ebd., S. 184.

39 Vgl. grundlegend Martina Wagner-Egelhaaf: *Die Melancholie der Literatur. Diskursgeschichte und Textfiguration*. Stuttgart / Weimar: Metzler 1997, S. 4: „Melancholie ist nicht ein Motiv der Literatur wie andere, z. B. der Wald oder die Liebe, auch nicht eine in der Literatur zum ‚Ausdruck' gebrachte Befindlichkeit des Autors, sondern die Affinität von Melancholie und Literatur läßt sich auf gemeinsame Strukturen der Repräsentation zurückführen".

kann so als Reflexion über „die Inkommensurabilität von Zeichen und Bedeutung“[40] in der poetischen Sprachverwendung verstanden werden. Zu fragen ist allerdings auch, wie sich diese dissoziative Funktion der Melancholie in der Moderne profiliert. Welche Lesbarkeiten ergeben sich im Grenzbereich zwischen psychopathologischen Diskursen und melancholischen Topoi in der expressionistischen Lyrik?
In der literaturwissenschaftlichen Forschung zur Melancholie hat sich inzwischen ein Kanon herausgebildet, für den auch expressionistische Gedichte wie z. B. von Else Lasker-Schüler, Gottfried Benn, Ernst Stadler und vor allem von Georg Trakl maßgeblich sind. Mit einem Brückenschlag zur Romantik wurde z. B. versucht, die Dissoziation ins Zentrum einer spezifisch ‚modernen Melancholie‘ zu stellen:

> Die Dissoziation der Wahrnehmung des modernen Subjekts, die mit Georg Trakls Farbabstraktionen, August Stramms anarchischen Wortgebilden oder Jacob van Hoddis durch disparate Reihungen verfremdeter Syntax im Expressionismus dichterische Gestalt annimmt, entsteht als modernes Phänomen im allgemeinen und als besondere sprachliche Figur der Melancholie in der Kunstphilosophie und Poetik der Romantik.[41]

Es lässt sich vermuten, dass eine dissoziative Dynamik die Repräsentationsproblematik im Paradigma der Melancholie verschärft. Ein Dichter, bei dem der Melancholiebezug und die Dissoziation seiner Sprachbildlichkeit besonders nachhaltig diskutiert wurden, ist Georg Trakl. Einerseits beziehen sich Trakls Gedichte auf eine Semantik der Melancholie, andererseits wurde aber auch immer wieder versucht, sie mit dem Krankheitsbild der Schizophrenie in Verbindung zu bringen. Gestützt wurden diese Versuche durch biographische Daten, die die Trakl-Lektüren hintergründig steuern. Tatsächlich wurde nach dem Zusammenbuch Trakls in der Schlacht bei Grodek im Militärhospital Krakau eine *Dementia praecox* diagnostiziert.[42] Trakls Symptome wurden in dieser Hinsicht zum Fall, den die Klassifikationen nach Kraepelin allererst spezifizierten, der aber auch weitere Diagnosen provozierte. Ausgehend von der psychiatrischen Diskussion über das wieder aufgefundene Krankenblatt Trakls aus dem Jahr 1914, in dem von Katatonie und Erregungszuständen sowie von „schweren psychischen

40 Wagner-Egelhaaf: *Die Melancholie der Literatur*, S. 16.

41 Antje Jantz: *Zur Semantik der modernen Melancholie in der Lyrik des Expressionismus.* Heidelberg: Ruprecht-Karls-Universität 1998, S. 18.

42 Kleefeld: *Das Gedicht als Sühne*, S. 3.

Depressionen mit Angstzuständen"[43] die Rede ist, legt z. B. Gunther Kleefeld nahe, mit der Systematik Bleulers auf eine *Schizophrenie* bzw. eine *Schizophrenia simplex* zu schließen.[44] Lange Zeit sind die Diskussionen um Trakls Krankheitsbild aus sehr unterschiedlichen Blickwinkeln zwischen Literaturwissenschaft und Psychopathologie geführt worden.[45] Auch Hans-Georg Kemper bezieht sich in den Analysen von Gedichten Trakls aus dem Band *Expressionismus* auf das schizophrene Dispositiv, wenn er den Schaffensprozess zu erläutern sucht:

> Der Verdacht der Schizophrenie hat auch von medizinischer Seite nie ausgeräumt werden können, und seit die Entwürfe publiziert worden sind, gibt es Stimmen, die dem Autor auch die poetische Zurechnungsfähigkeit absprechen wollen [...]. Am Beispiel Trakls läßt sich die grundlegende Kategorie der Ich-Dissoziation bis in den Schaffensvorgang hinein verfolgen.[46]

Zu Recht aber ist ein Psychologismus als zu enge Verbindung von Pathologie und poetischer Struktur abzuweisen. Auch Kleefelds Versuch einer psychoanalytischen Aufarbeitung kann der Problematik kaum gerecht werden, da so nur weitere Diagnosen verfolgt werden, nicht aber die Diskurse, die pathologische Lesbarkeiten allererst hervorbringen. Interpretationen zu Trakls Lyrik sind daher auf verdeckte Weise der Schauplatz und das Resultat eines Dispositivs zugleich. So führt Kleefeld vor allem Trakls 1912 verfasstes Gedicht *De profundis* an, um es als „Selbstbestrafungswunsch" zu interpretieren.[47] Schon Walter Killy hatte zu *De profundis* bemerkt: „Das Gedicht ist aus Not geschrieben. Es stellt Bilder vor, deren Beziehung untereinander negativ ist. Jedes steht ganz für sich, keine romantische Grenzenlosigkeit erlöst es aus der Vereinzelung."[48] Ohne Zweifel liegt in *De profundis* eine radikalisierte Dissoziation vor: In der anaphorischen Struktur, den ambivalenten Pronominalverweisen, der entorteten Topographie sowie der intertextuellen

43 Georg Trakl: *Dichtungen und Briefe. Historisch-Kritische Ausgabe*, hrsg. v. Walther Killy / Hans Szklenar, Bd. 2. Salzburg: Müller 1969, S. 730. Vgl. Kleefeld: *Das Gedicht als Sühne*, S. 20.

44 Kleefeld: *Das Gedicht als Sühne*, S. 16.

45 Vgl. die Darlegung in ebd., S. 18–22.

46 Vietta / Kemper: *Expressionismus*, S. 247.

47 Vgl. Kleefeld: *Das Gedicht als Sühne*, S. 249: „In ‚De Profundis' wird in symbolischem Handeln eine Schuld zugleich begangen und gesühnt, das Gedicht ist beides: Schuld und Sühne."

48 Walther Killy: *Wandlungen des lyrischen Bildes*. Göttingen: Vandenhoeck & Ruprecht 1978, S. 127.

Ausstreuung von Bibel- und Rimbaud-Bezügen.[49] Ebenso teilt *De profundis* aber auch die Motivik mit den Melancholiegedichten Trakls, wie schon im Vergleich der ersten Zeile „Es ist ein Stoppelfeld, in das ein schwarzer Regen fällt“[50] mit der ersten Zeile des Entwurfs *Leise* sichtbar wird: „Im Stoppelfeld ein schwarzer Wind gewittert.“[51]
Immer wieder bestimmt das Dispositiv der Dissoziation die Interpretationsversuche der Lyrik Trakls, wie es sich vor allem in seinen Melancholiegedichten zeigt. Zahlreiche Arbeiten haben sich mit der Thematik der Melancholie bei Trakl beschäftigt.[52] Bereits in den Band *Gedichte* aus dem Jahr 1913 hat Trakl mehrere Melancholiegedichte aufgenommen, wie z. B. *In ein altes Stammbuch*,[53] das zunächst als *An die Melancholie*[54] betitelt wurde, *Melancholie des Abends*[55] und vor allem *Melancholie*.

MELANCHOLIE

Bläuliche Schatten. O ihr dunklen Augen,
Die lang mich anschaun im Vorübergleiten.
Guitarrenklänge sanft den Herbst begleiten
Im Garten, aufgelöst in braunen Laugen.
Des Todes ernste Düsternis bereiten
Nymphische Hände, an roten Brüsten saugen
Verfallne Lippen und in schwarzen Laugen
Des Sonnenjünglings feuchte Locken gleiten.[56]

Das Gedicht *Melancholie* entwickelt in Anlehnung an Hölderlins Ode *Dem Sonnengott*[57] eine mythologische Dimension und lässt mit

49 Vgl. Anette Hammer: *Lyrikinterpretation und Intertextualität: Studie zu Georg Trakls Gedichten „Psalm I“ und „De profundis II“*. Würzburg: Königshausen & Neumann 2005, S. 91–112.

50 Georg Trakl: De profundis. In: Ders.: *Gedichte*. Leipzig: Wolff 1913, S. 38.

51 Georg Trakl: Leise. In: Ders.: *Dichtungen und Briefe*, Bd. 1, S. 360.

52 Vgl. den Überblick bei Udo Benzenhöfer: Melancholie und Schwermut in den Gedichten Georg Trakls. In: Dietrich von Engelhardt / Horst-Jürgen Gerigk / Guido Pressler / Wolfram Schmitt (Hrsg.): *Melancholie in Literatur und Kunst*. Hürtgenwald: Pressler 1990, S. 214–228.

53 Georg Trakl: In ein altes Stammbuch. In: Ders.: *Gedichte*, S. 32.

54 Georg Trakl: *Sämtliche Werke. Innsbrucker Ausgabe, historisch kritische Ausgabe der Werke und des Briefwechsels mit Faksimile der handschriftlichen Texte*, hrsg. v. Eberhard Sauermann / Hermann Zwerschina, Bd. 2: Dichtungen Sommer 1912–Frühjahr 1913. Basel / Frankfurt am Main: Stroemfeld / Roter Stern 1995, S. 97.

55 Georg Trakl: Melancholie des Abends. In: Ders.: *Gedichte*, S. 12.

56 Georg Trakl: Melancholie. In: Ebd., S. 27.

57 In der von Trakl benutzten Ausgabe: Friedrich Hölderlin: *Gesammelte Werke*,

Adjektiven wie „dunklen", „braunen", „schwarzen" die Farbgebung einer melancholischen Topik erkennen, die auch die Sphäre des „Sonnenjünglings" mit „schwarzen Laugen" kontaminiert.[58] Die hohe klangliche Äquivalenz durch Wiederholung von reinen bzw. rührenden Reimen und Reimwörtern verbindet die Verse zu einer zirkulären Struktur, die mit einer Naturmetaphorik der Vergänglichkeit („Herbst", „Garten", „Tod") einhergeht. In Trakls Melancholiethematik gilt das Gedicht als Wendepunkt, wenn Ludwig Völker bemerkt: „Nicht mehr die stimmungsvolle ästhetische Aufhebung der Melancholie ist das Ziel, sondern Erkenntnis und deren lyrische Objektivierung."[59]

In hohem Ausmaß ist die Interpretation des Gedichts *Melancholie* allerdings an seine kontrovers diskutierte Entstehungsgeschichte gebunden. Bereits Walter Killy hat sich mit der Entstehung von Trakls Gedicht *Melancholie* auseinandergesetzt und die – nach seiner Zählung – drei Fassungen untersucht.[60] In der Rekonstruktion der Werkgenese des Gedichts kommt es nach Killy zu einer Spaltung der zweiten Fassung *Melancholia*,[61] das Verse aus der ersten Fassung *Leise*[62] und die Strophe von *Melancholie* miteinander kombiniert:

> Was in der ersten Fassung selbst geschlossenes und in sich lebensvolles Gedicht war, was dann in der zweiten Fassung durch die Aufgabe der Repetition den kaum erkennbaren Stoff einer neuen Strophe verwandelnd hervorbrachte, wird nun völlig aufgegeben. Es ist, als ob ein Gärtner das verflochtene Wurzel- und unterirdische Knollenwerk einer Blume spaltete; seiner Mühe blühen zwei Blumen.[63]

Auf diese Weise wird die Werkgenese als Dissoziationsprozess gelesen, der unabwägbare Interpretationsschwierigkeiten nach sich zieht. Anders als Killy dies annahm, zeigt sich bei der späteren textgenetischen

Bd. 2: Gedichte, hrsg. v. Paul Ernst. Jena / Leipzig: Diederichs 1905, S. 54. Vgl. Reinhold Grimm: Georg Trakls Verhältnis zu Rimbaud. In: *Germanisch-Romanische Monatsschrift*, 09/1959, S. 288–515, hier S. 293, Anm. 32.

58 Zur Topik der Melancholie vgl. Raymond Klibansky / Erwin Panofsky / Fritz Saxl: *Saturn und Melancholie. Studien zur Gesichte der Naturphilosophie und Medizin, der Religion und der Kunst.* Frankfurt am Main: Suhrkamp 1992.

59 Ludwig Völker: *Muse Melancholie – Therapeutikum Poesie*. München: Fink 1978, S. 103. Zur Interpretation vgl. auch Jantz: *Zur Semantik der modernen Melancholie in der Lyrik des Expressionismus*, S. 158–166.

60 Walther Killy: Die Entstehung von Georg Trakls „Melancholie". In: *Text und Kritik* Sonderheft 4/4a (1969): Georg Trakl, S. 33–35.

61 Georg Trakl: Melancholia. In: Ders.: *Dichtungen und Briefe*, Bd. 1, S. 361.

62 Trakl: Leise. In: Ders.: *Dichtungen und Briefe*, Bd. 1, S. 360.

63 Killy: Die Entstehung von Georg Trakls „Melancholie", S. 35.

Untersuchung des Gedichts *Leise* durch Hermann Zwerschina[64] im Kontext der Innsbrucker Trakl-Edition allerdings, dass die Reinschrift selbst schon aus zwei Strophen einer ersten Handschrift hervorging.[65] Auch kann das Gedicht *Melancholia*[66] nicht als zweite Fassung verstanden werden, da es erst später entstanden ist. Was Killy als dissoziativen Prozess der Spaltung gelesen hat, erweist sich daher ebenso als Verbindung zweier unterschiedlicher Gedichte. Fünf Verse aus *Leise* bleiben bei der Kombination mit der Strophe von *Melancholie* in *Melancholia* zwar mit Änderungen erhalten, werden aber mit zwei zusätzlichen Versen versehen: „Da schweigt die Seele grauenvoll erschüttert / Entlang an Zimmern, leer und dunkelfarben."[67] In den Entwurf dringt mit dem Hinweis auf das Schweigen der „Seele" eine explizit psychische Perspektive ein, die sich auch in seiner Rhetorizität zeigt. Die Synekdoche „Zimmern" wird in dieser Verszeile als *Chiffre*[68] absolut gesetzt, da ihr kein Relatum mehr entspricht, nur weitere Teile ließen sich anschließen. Derart thematisiert der Text sein gebrochenes Verhältnis zu einem Ganzen und betont eine radikalisierte Dissoziation. Bis in die Textkritik hinein können so Aspekte der Spaltung und Verbindung verfolgt werden, die sich in die Lektüre eintragen. Umso mehr gilt es, die Diskurse und Topoi zu berücksichtigen, in denen die Gedichte Trakls ihre Lesbarkeiten entwickeln.

In der expressionistischen Lyrik zeigt sich derart eine radikalisierte Dissoziation, die zwar nicht immer in syntaktischen Verkürzungen oder in Einzelvokabeln erscheint, sondern auch in einer Bildlichkeit, die sich als Überlagerung von melancholischer Topik und psychopathologischen Diskursen verstehen lässt.

64 Hermann Zwerschina: Die editorische Einheit ‚Textstufe'. In: Hans Zeller / Gunter Martens (Hrsg.): *Textgenetische Edition*. Tübingen: Niemeyer 1998, S. 176–194, hier S. 185.

65 Georg Trakl: Leise. In: Ders.: *Sämtliche Werke. Innsbrucker Ausgabe*, Bd. 2, S. 389–398, hier S. 396.

66 Georg Trakl: *Sämtliche Werke. Innsbrucker Ausgabe, historisch kritische Ausgabe der Werke und des Briefwechsels mit Faksimile der handschriftlichen Texte*, hrsg. v. Eberhard Sauermann / Hermann Zwerschina, Bd. 3: Dichtungen Sommer 1913–Frühjahr 1914. Basel / Frankfurt am Main: Stroemfeld / Roter Stern 1998, S. 13: „Das Gedicht ist eine zwischen 20. Juni und 13. Juli 1913 entstandene Zusammenfügung zweier früher entstandener Gedichte, nämlich Melancholie (I) und Leise." Vgl. auch Hermann Zwerschina: *Die Chronologie der Dichtungen Georg Trakls*. Innsbruck: Institut für Germanistik 1990, S. 212–215.

67 Georg Trakl: Melancholia. In: Ders.: *Sämtliche Werke. Innsbrucker Ausgabe*, Bd. 3, S. 13–19, hier S. 19.

68 Vgl. dazu Killy: *Wandlungen des lyrischen Bildes*, S. 119.

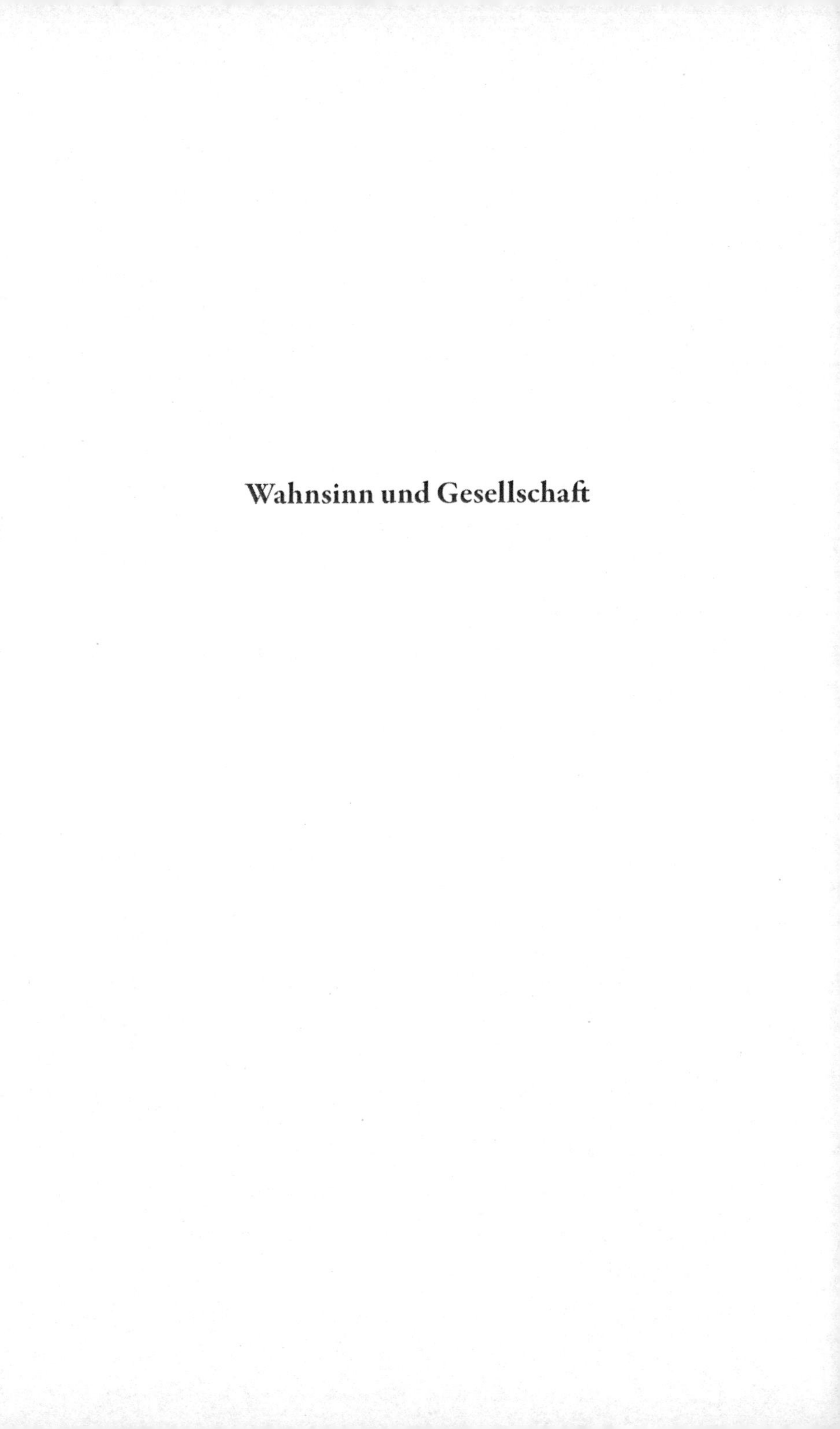

Wahnsinn und Gesellschaft

Verortungen des ‚Irren'

Raumkonzeption, Wahnsinnsthematik und Zeitkritik in Literatur und visuellen Künsten des Expressionismus

Anna S. Brasch

I Bürger und ‚Irre'. Einleitung

Die Figur des ‚Irren' gehört zur klassischen Ikonographie des Expressionismus. Es ist dies zugleich eine Figur, die in Literatur, Kunst und Film gleichermaßen Verwendung findet: Erinnert sei an Alfred Döblins *Die Ermordung einer Butterblume*[1] und Georg Heyms *Der Irre*[2], an Robert Wienes Stummfilm *Das Cabinet des Dr. Caligari*[3] sowie im Bereich der bildenden Kunst an Werke Hans Baluscheks, Heinrich Ehmsens, Conrad Felixmüllers und Erich Heckels.[4] In der expressionistischen Literatur stellt der Wahnsinnige dann – das hat die germanistische Forschung umfangreich gezeigt[5] – eine Figur dar, mit der die Avantgarde

1 Alfred Döblin: Die Ermordung einer Butterblume. In: Ders.: *Ausgewählte Werke in Einzelbänden*, in Verbindung mit den Söhnen des Dichters hrsg. v. Walter Muschg, Bd.: Die Ermordung einer Butterblume. Ausgewählte Erzählungen 1910–1950. Freiburg i. Br.: Walter 1962, S. 42–54.

2 Georg Heym: Der Irre. In: Ders.: *Dichtungen und Schriften. Gesamtausgabe*, hrsg. v. Karl Ludwig Schneider, Bd. 2: Prosa und Dramen [1962]. München: Beck 1986, S. 19–34.

3 *Das Cabinet des Dr. Caligari* (D 1920, R: Robert Wiene, 74 Minuten). DVD, digital restaurierte Fassung, Restaurierung: Friedrich Wilhelm Murnau Stiftung Wiesbaden. Edition F. W. Murnau Stiftung München 2014.

4 Hans Baluschek: *Der Irre*, Zyklus *Opfer*, 1905/1906, Kohle, 102 x 67 cm; ders.: *Die Irre*, 1920, Lithographie auf Bütten, 34 x 26,7 cm; Heinrich Ehmsen: *Frauen-Unruhigenabteilung*, 1924, Bleistift auf Papier, 33,6 x 25,3 cm; Conrad Felixmüller: *Soldat im Irrenhaus I*, 1918, Farblithographie, 38 x 31 cm; Erich Heckel: *Blinde Irre beim Essen*, 1914, Öl auf Leinwand, 80,5 x 70,5 cm; ders.: *Der Verrückte*, 1914, Öl auf Leinwand, 70,5 x 80,5 cm; ders.: *Irrer Soldat*, 1916, Lithographie, 32,5 x 27 cm.

5 Vgl. nach wie vor Wolfgang Rothe: Der Geisteskranke im Expressionismus. In: *Confinia Psychiatrica* 15 (1972), S. 195–211; Thomas Anz: *Literatur der Existenz. Literarische Psychopathographie und ihre soziale Bedeutung im Frühexpressionismus*. Stuttgart: Metzler 1977, hier insb. der Abschnitt „Der Irre", S. 39–45; ders.: Nachwort. In: Ders. (Hrsg.): *Phantasien über den Wahnsinn*. München / Wien: Hanser 1980, S. 148–173; Edith Ihekweazu: *Verzerrte Utopie. Bedeutung und Funktion des Wahnsinns in expressionistischer Prosa*. Frankfurt am Main / Bern: Lang 1982;

sich gleichermaßen identifiziere wie sich in ihr auch in besonderem Maße die Zeitkritik[6] des Expressionismus verdichte.[7] Vor dem Hintergrund der Ausgrenzung des Wahnsinns seit dem 17. Jahrhundert kann der ‚Irre' zum Kontrasttypen des verhassten Bürgers und zu seiner Normalität werden[8]:

> Daß der Wahnsinn als negatives Gegenbild zu bürgerlichen Tugenden wie Selbstdisziplin, Arbeitsfreude, Ordnung, soziale Anpassungsfähigkeit, Pflichtbewußtsein, Affektkontrolle (kurz: „Vernünftigkeit") definiert wird, ist die sozial- und kulturgeschichtliche Grundlage, auf der er als literarisches Motiv erstmals im Expressionismus seine kritische Potenz voll entfaltet. In ihrem aggressiven Sturmlauf gegen die überalterte Kultur der spätwilhelminischen Patriarchalgesellschaft mußten die jungen Künstler den Wahnsinn nur auf- bzw. umwerten, um eine provokante Möglichkeit zu bekommen, ihre radikale Gegenposition zu den herrschenden Normen und Wertvorstellungen zu verbildlichen.[9]

Neben dem Wahnsinnigen selbst gehören auch Anstalt, Wärter oder Ärzte zum gesellschaftskritischen Bildinventar, seien Elemente eines literarischen Modells der zeitgenössischen Wirklichkeit: „Die Anstalt steht für die bürgerliche Welt [...], die Wärter und Ärzte sind ihre Autoritätsfiguren [...] und der Irre verkörpert die in

Jörg Schönert: „Der Irre" von Georg Heym. Verbrechen und Wahnsinn in der Literatur des Expressionismus. In: *Der Deutschunterricht. Beiträge zu seiner Praxis und wissenschaftlichen Grundlegung* 42,2 (1990), S. 84–94. Zuletzt hat der Zusammenhang von Expressionismus und Wahnsinn auch in der Germanistik wieder mehr Aufmerksamkeit erfahren; vgl. etwa Yvonne Wübben: Tatsachenphantasien. Alfred Döblins „Die Ermordung einer Butterblume" im Kontext von Experimentalpsychologie und psychiatrischer Krankheitslehre. In: Sabina Becker / Robert Krause (Hrsg.): *„Tatsachenphantasie". Alfred Döblins Poetik des Wissens im Kontext der Moderne. Internationales Alfred-Döblin-Kolloquium Emmendingen 2007.* Bern: Lang 2008, S. 83–99; Cornelius Michael Amberger: *Der Expressionismus und sein Wahnsinn. Studien zur Thematik der Unvernunft in expressionistischer Prosa*. Dissertation, Universität Saarbrücken 2014. http://scidok.sulb.uni-saarland.de/ volltexte/2014/5844/ (Zugriff am 23.05.2017).

6 Der Begriff der Zeitkritik wird hier explizit in Abgrenzung zum enger gefassten Begriff der Kulturkritik, verstanden als spezifischer Beobachtungs- bzw. Reflexionsmodus der Moderne (Bollenbeck), verwendet. Vgl. zur Kulturkritik im engeren Sinn insbesondere die beiden einschlägigen Monographien der letzten Jahre: Georg Bollenbeck: *Eine Geschichte der Kulturkritik. Von Rousseau bis Günther Anders*. München: Beck 2007; Ralf Konersmann: *Kulturkritik*. Frankfurt am Main: Suhrkamp 2008; daneben Georg Bollenbeck: Kulturkritik: ein unterschätzter Reflexionsmodus der Moderne. In: *Zeitschrift für Literaturwissenschaft und Linguistik* 137 (2005), S. 41–53.

7 Vgl. Anz: Nachwort, S. 148.

8 Vgl. ebd., S. 149.

9 Ebd., S. 151.

diesem Zwangssystem unterdrückte Individualität und Vitalität des unangepaßten Ichs [...].“[10] Die konkreten kultur- und gesellschaftskritischen Bedeutungsvarianten der Metaphorik des Wahnsinns, die der Expressionismus dann auslote, seien recht unterschiedlich, zum Teil sogar gegensätzlich.

Während sich nun die Germanistik bereits seit den 1970er Jahren intensiv mit der Figur des Wahnsinnigen in der Literatur auseinandergesetzt hat, hat sich die Kunstwissenschaft zwar mit der Darstellung des Geisteskranken in der bildenden Kunst im Allgemeinen beschäftigt, die Darstellung des Wahnsinns in expressionistischen Werken ist jedoch erst mit der Ausstellung *Expressionismus und Wahnsinn* auf Schloss Gottorf 2003 in den Blick geraten.[11] Insgesamt scheint die Auseinandersetzung mit Darstellungen des Wahnsinnigen im Expressionismus in Literatur, Kunst und Film zudem in den Einzeldisziplinen weitgehend unabhängig voneinander zu geschehen.[12] Darüber hinaus hat sich die Forschung wesentlich auf die *Figur* des ‚Irren' und das Thema des Wahnsinns konzentriert. Nachfolgend soll das Augenmerk demgegenüber zunächst in interdisziplinärer, vergleichender Perspektive gerade auf die Gestaltung des *Raumes* gelegt werden, um anschließend nach der Funktion für die Darstellung des Wahnsinns im Expressionismus zu fragen.[13]

10 Ebd., S. 152–153.

11 Vgl. den gleichnamigen Ausstellungskatalog *Expressionismus und Wahnsinn*, hrsg. v. Herwig Guratzsch. München: Prestel 2003; darin insb. Susanne Augat: Das Bild des ‚Irren' im Expressionismus. In: Ebd., S. 16–32.

12 In dezidiert vergleichender Perspektive hat sich Hans Esselborn mit Heyms *Der Irre* und dem Film *Das Cabinet des Dr. Caligari* auseinandergesetzt; vgl. ders.: Die „verrückte“ Perspektive. Der Wahn in Literatur und Film des Expressionismus. In: *Wirkendes Wort. Deutsche Sprache und Literatur in Forschung und Lehre* 48 (1998), S. 91–108.

13 Zur Funktion des Raumes für die Wahnsinns-Darstellungen expressionistischer Prosa vgl. bereits Waltraut Schwarz: Von Wittenau ins Kaufhaus Wertheim. „Der Irre“ von Georg Heym. Expressionismus durch Weglassen. In: *Neue Deutsche Hefte* 26,1 (1979), S. 70–88; Werner Sulzgruber: *Georg Heym „Der Irre“. Einblicke in die Methoden und Kunstgriffe expressionistischer Prosa. Erzählen aus der Perspektive des Wahnsinns.* Wien: Praesens 1997, hier insb. Abschnitt 5 „Der Raum: Weglassen als Stilmittel“, S. 27–42.

II Kurzprosa: Georg Heym – Franz Werfel – Alfred Döblin

Normalität und Wahnsinn sind in der expressionistischen Kurzprosa auf den ersten Blick unterschiedlichen Räumen zugeordnet: Der Wahnsinn wird aus der Gesellschaft ausgegrenzt, abseits der Stadt und in der Anstalt verortet. Georg Heyms Erzähltext *Der Irre* etwa arbeitet zunächst über den Aufbau der Dichotomien Innen versus Außen, Abgeschlossenheit versus Offenheit: „[D]er Türsteher schloß vor ihm die große eiserne Tür auf. Er war im Vorgarten, er klinkte die Gartenpforte auf, und er war draußen."[14] Die Anstalt ist der Ort des Wahnsinns, zugleich der Abgeschlossenheit, der Abgrenzung von der Außenwelt, des Gefangenseins, der Normierung – und der Abgeschiedenheit von der Stadt als Ort des ‚Normalen'. Auch Alfred Döblins *Die Ermordung einer Butterblume* operiert zunächst über eine dichotomische Raumstruktur: Hier ist es die Natur am Stadtrand, in deren Umfeld sich Michael Fischers Wahnsinn den Weg bahnt; innerhalb der Stadt lebt er (zunächst) nach außen hin ein Leben nach den gesellschaftlichen Normen.

Auf den zweiten Blick zeigt sich jedoch, dass diese vermeintlich glatte Zuordnung gerade wieder aufgelöst wird – und das mit unterschiedlichen Strategien. Einerseits sind es, das zeigt das Beispiel *Der Irre* von Georg Heym, gerade die Zwischenräume bzw. Transiträume zwischen den Räumen der ‚Normalität' und der Einhegung des ‚Wahnsinns', in denen der Wahnsinn zum Durchbruch kommt. Heyms ‚Irrer' wird bekanntlich als vermeintlich geheilt aus der Anstalt entlassen; auf dem Weg nach Berlin verfällt er seinen Wahnvorstellungen. Er lässt die Anstalt hinter sich („dahinten in diesem weißen Loch, in diesem großen Kasten"[15]) und bewegt sich von der Anstalt in Richtung Großstadt:

> Er nahm das Bündel mit seinen Sachen über seine Schultern, dann setzte er sich wieder in Marsch. Aber er wußte nicht recht, wo er hingehen sollte. Ganz hinten über den Feldern rauchte ein Schornstein. Den kannte er, der war nicht weit von seiner Wohnung. Er verließ die Straße und bog in die Felder ab, mitten hinein in die Halme. Geradewegs auf sein Ziel zu.[16]

14 Heym: Der Irre, S. 19.
15 Ebd.
16 Ebd., S. 20.

Es ist mithin gerade der Ort des Dazwischen, der Raum zwischen Anstalt und Stadt, in dem der Wahnsinn sich seinen Weg bahnt. Bezeichnenderweise wählt er in diesem Transitraum nicht den durch die Straßenführung vorgegebenen und also normierten Weg, sondern weicht von diesem gerade ab. Der Ort des Dazwischen ist daneben erkennbar auch an die Natur als Gegenpol zur Kultur gebunden.
Andererseits werden die Räume des Wahnsinns und der Normalität gerade ineinander geblendet, wie das Beispiel *Blasphemie eines Irren* von Franz Werfel zeigt:

> Ich schäme mich tatsächlich, daß ich Sie so empfangen muß; doch bitte ich auf keinen Fall irgendwelchen Gerüchten Glauben zu schenken, zum Beispiel, daß das Haus, in dem wir uns befinden, ein Irrenhaus sei. Die Welt ein Irrenhaus zu nennen, ist eine alte, schon recht triviale Sentenz. Wir befinden uns einfach hier in einem Miethaus, Sidoniegasse 68, in einem Garçonlogis, in einer Zwei-Zimmer-Wohnung.[17]

Erzählerisch realisiert wird dies dann, indem der Wahrnehmung der Figur gefolgt, mithin die (vermeintlich) ‚verrückte' Perspektive eingenommen wird. Die spezifische Raumgestaltung einerseits und die ‚verrückte' Erzählperspektive andererseits bedingen sich dann nicht nur, sondern verstärken einander gegenseitig: Aufgrund der Erzählhaltung und ihrer ver-rückten Perspektive auf die Welt wird letztendlich ununterscheidbar, ob der ‚Irre' psychisch krank ist oder nicht, ob es sich hier um eine psychiatrische Einrichtung handelt oder nicht.
Eine ähnliche Strategie der Ineinanderblendung des Raums des Wahnsinns und der Normalität weist Döblins *Die Ermordung einer Butterblume* auf. Michael Fischer nimmt eine Butterblume, mithin das Zeichen seines Wahnsinns, aus der Natur mit in die Stadt, an den Ort der ‚Normalität':

> Wenn er eine Butterblume ausgrübe, eine Tochter der Toten, sie zu Hause einpflanzte, hegte und pflegte, so hatte die Alte eine junge Nebenbuhlerin. Ja, wenn er es recht überlegte, konnte er den Tod der Alten überhaupt sühnen. Denn er rettete dieser Blume das Leben und kompensierte den Tod der Mutter; diese Tochter verdarb doch sehr wahrscheinlich hier. [...] Er grub ein nahes Pflänzchen mit dem Taschenmesser aus, trug es behutsam in der bloßen Hand heim und pflanzte es in einen goldprunkenden Porzellantopf, den er auf einem

17 Franz Werfel: Blasphemie eines Irren. In: *Die neue Dichtung. Ein Almanach.* Leipzig: Wolff 1918, S. 36–47, hier S. 40.

> Mosaiktischchen seines Schlafzimmers postierte. Auf den Boden des Topfes schrieb er mit Kohle: „§ 2403 Absatz 5."[18]

Damit dringt der Wahnsinn in den Raum der Normalität ein. Umgekehrt ist es zugleich diese Figur, die klagt, dass es die Stadt selbst sei, die Nervosität allererst hervorbringe: „‚Man wird nervös in der Stadt. Die Stadt macht mich nervös'"[19]. Die vermeintliche Trennung der Orte des Wahnsinns und der Normalität löst sich auch hier nicht nur auf, die Räume des Wahnsinns und der Normalität sind nicht mehr zu trennen, darüber hinaus wird hier am explizitesten auch die zeitkritische Aufladung der Wahnsinnsthematik deutlich – hierauf wird zurückzukommen sein.

III Erich Heckel: *Der Verrückte*

Auch die expressionistische bildende Kunst hat sich der Wahnsinnsthematik angenommen – und auch hier werden Wahnsinnsthematik und Zeitkritik, das lässt sich etwa am Beispiel von Erich Heckels *Der Verrückte* beobachten, systematisch verschränkt. (Abb. 1) Das Werk Heckels zeigt zunächst eine Anstaltssituation: Vier Anstaltsinsassen befinden sich in einem Raum, alle tragen Anstaltskleidung. Links vorne steht die Hauptperson, der „Verrückte": Dieser nimmt fast die volle Bildhöhe und etwa ein Drittel der Bildbreite ein; Wände und Decken sind in Heckels Darstellungen im Vergleich zu den Figuren selbst unproportional niedrig dargestellt. Der „Verrückte" ist weiterhin so im linken Teil des Bildes platziert, dass er dem Betrachter den Blick auf den Hintergrund freigibt. Hinter ihm befindet sich, durch eine Trennwand von der rechten hinteren Raumhälfte etwas abgesondert, ein Tisch, an dem eine weitere Person sitzt. In der Mitte des Raumes, dem Betrachter zugewandt und vor der Trennwand platziert, steht ein Stuhl. Hinten rechts, auf der anderen Seite der Trennwand, befinden sich zwei weitere Personen, ansonsten ist der Raum leer. Die Wände scheinen sich gleichsam um die dargestellten Personen herum zu schließen. Unterstützt wird dieser Eindruck durch die offen gelegte Pinselführung, die eine Art Kreis um das Zentrum des Bildes herum bildet. Durch die beengenden Wände und die Decke sowie durch deren malerische Ausführung wird nicht nur die beengende Situation

18 Döblin: Die Ermordung einer Butterblume, S. 53.

19 Ebd., S. 43.

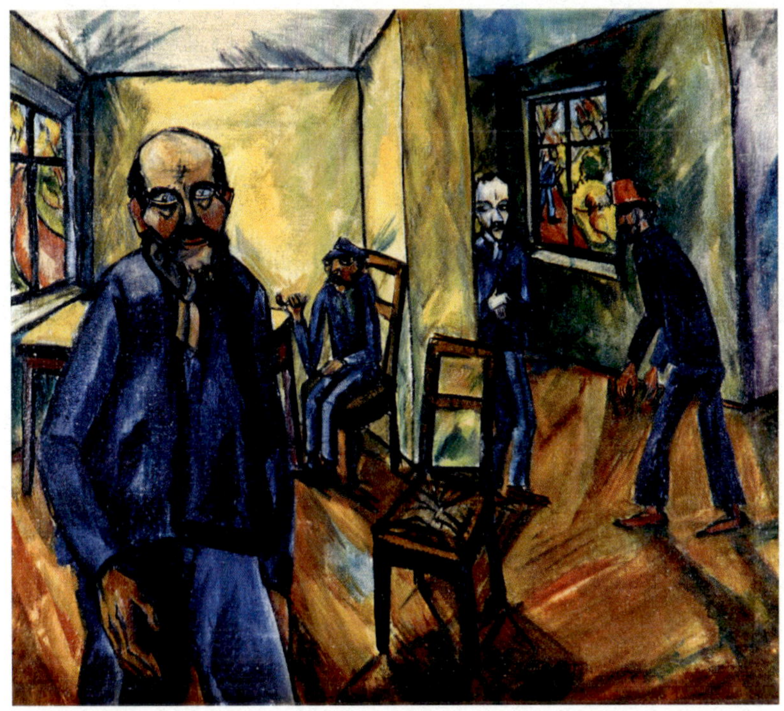

Abb. 1: Erich Heckel: *Der Verrückte*, 1914, Öl auf Leinwand, 70,5 x 80,5 cm.

der Gefangenschaft, sondern gleichzeitig auch die Ausweglosigkeit der Situation, die Einengung der Individualität des Wahnsinnigen verdeutlicht. Aufschlussreich ist in diesem Zusammenhang auch die Haltung des „Verrückten". Trotz des fordernden Blicks, der eine starke und individuelle Persönlichkeit hervorhebt, weist die leicht gebückte Haltung gleichzeitig auf einen (schon?) gebrochenen Willen und eine gebrochene Individualität hin. Im Vordergrund steht also ein „Verrückter", der sich (noch) Reste seiner Individualität bewahrt hat. Die Insassen, die im Hintergrund dargestellt sind, sind dagegen ganz und gar gebückte, starre Personen:

> Überlange Gliedmaßen und angespannte Körperhaltungen zeichnen die schmalen Gestalten aus, lassen sie hölzern und wie in ihren Bewegungen erstarrt erscheinen. [...] Scheinbar sinnlose Tätigkeiten werden verrichtet; so greift der rechte Mann nach einem imaginären Gegenstand[20].

20 Augat: Das Bild des „Irren" im Expressionismus, S. 19.

Auf diese Weise deutet sich eine zeitliche Dimension an: Es wird gleichzeitig die Gegenwart und die Zukunft des „Verrückten“ dargestellt. Auf den ersten Blick trennt die klare Eingrenzung der ‚Irren‘, die Abgrenzung von der Außenwelt durch die sie umgebenden Mauern, nun Wahnsinn und ‚Normalität‘, ‚Irre‘ und Bürger voneinander. Der „Verrückte“ im Vordergrund fixiert dann jedoch den Betrachter mit starren, hellblauen Augen – es ist dies als Rezeptionsangebot an den Betrachter zu lesen, das zugleich die auf den ersten Blick vermeintliche Abgeschlossenheit der Anstaltssituation genau aufbricht und so konstitutiv für die Entfaltung des zeitkritischen Potentials des Bildes ist. Es ist dieses Rezeptionsangebot, das die vermeintlich strikte Trennung von bürgerlicher Welt und Welt der Wahnsinnigen auch hier gerade unterläuft, ja aufhebt. Auffällig ist in diesem Zusammenhang zudem die Hand des „Verrückten“, die überdimensional groß, dabei jedoch sehr schlank, etwas verkrampft herabhängt und dem Betrachter leicht entgegengebracht wird. Diese beiden Aspekte der Darstellung des „Verrückten“ können als Aufforderung an den Betrachter zur Auseinandersetzung mit dem Dargestellten verstanden werden. Insbesondere die Hand scheint den Betrachter in das Bild mit einzubeziehen. Der Stuhl in der Mittelachse des Bildes wendet sich dem Betrachter zu. Optisch hervorgehoben wird er zum einen durch die senkrechte Trennwand, zum anderen durch die Darstellung des Bodens, die sich geradezu um diesen Stuhl herum organisiert und ihn dadurch in den Mittelpunkt des Bildes, des oben beschriebenen Kreises, setzt. Dieser Stuhl bildet den Mittelgrund des Gemäldes. Er erscheint dem Betrachter geradezu als Platzhalter seiner selbst: Die dichotomische Trennung von Wahnsinn und Normalität wird auch hier gerade unterlaufen.

IV *Das Cabinet des Dr. Caligari* (Regie: Robert Wiene)

In Robert Wienes Stummfilm *Das Cabinet des Dr. Caligari* schließlich korrespondiert die komplexe Raumstruktur mit der Unentscheidbarkeit über die Frage, ob Erzählerfigur oder Anstaltsdirektor dem Wahnsinn verfallen ist. Der Film trennt auf den ersten Blick die naturalistische Raumgestaltung der Rahmenerzählung von der expressionistisch gehaltenen Raumdarstellung der Binnenerzählung. Die Rahmenerzählung[21] ist zunächst in einer Irrenanstalt situiert: Der Film setzt mit einer

21 *Das Cabinet des Dr. Caligari*, 00:04:15–00:04:29.

Aufblende auf zwei Personen, die auf einer Bank in der Natur sitzen, ein. Die Mimik der Personen sowie die erste Texteinblendung markieren die Wahnsinnsthematik, markieren den Raum als Irrenanstalt: „Es gibt Geister - - - Überall sind sie um uns her - - - mich haben sie von Haus und Herd - von Weib und Kind getrieben - -“[22] Die Raumgestaltung ist an dieser Stelle naturalistisch gehalten: Im Hintergrund ist eine Mauer zu sehen, die den Raum nach hinten hin abschließt. Zugleich ist die Irrenanstalt, insofern sie Teil der Rahmenhandlung ist, perspektivisch korrekt und gradlinig dargestellt.[23] Die rechtwinklig gebauten Räume der Rahmenhandlung stehen – auf den ersten Blick – für jenen Raum, der gleichermaßen die Einhegung des Wahnsinnigen wie auch die bürgerliche Ordnung und Normalität repräsentiert. Anders die Binnenerzählung[24], deren Ort die Kleinstadt ist, in der Dr. Caligari sein Unwesen treibt.[25] Eingeführt wird die Kleinstadt über eine Aufblende auf eine gemalte Kleinstadt.[26] Hier ändert sich die Raumgestaltung signifikant, geht vom naturalistischen über in die für expressionistische Stummfilme typische Raumgestaltung, die durch gemalte Kulissen, perspektivisch inkorrekte, verwinkelte, in sich zusammenfallende Gebäude, Straßen und Räume, Licht- und Schatteneffekte etc. gekennzeichnet ist. In einem ersten Zugriff entspricht diese ‚verrückte‘ Perspektive dem Wahnsinn des Erzählers.

Vor dem Hintergrund jener letzten Wendung des Films, in der der Erzähler – nun in der Rahmenhandlung – den Anstaltsdirektor bezichtigt, wahnsinnig zu sein („Ihr glaubt alle ich – sei wahnsinnig! Es ist nicht wahr – der Direktor ist wahnsinnig!!“[27]), lohnt jedoch auch hier ein zweiter Blick auf die Raumgestaltung des Films. So fällt auf, dass die Binnenhandlung einen der Anfangsszene vor der Mauer vergleichbaren Raum enthält: In zwei Sequenzen taucht eine deutlich an die Eingangsszene erinnernde Mauer auf – nun allerdings ihrerseits nicht naturalistisch dargestellt, sondern in expressionistischer Manier

22 Ebd., 00:01:42.

23 Ebd., 01:08:49–01:12:33.

24 Ebd., 00:03:36–01:07:44. Die Binnenerzählung wird explizit als solche markiert (Texteinblendung: „Ich will es Ihnen erzählen.“ Ebd., 00:03:15).

25 Texteinblendung: „Die kleine Stadt wo ich geboren bin --“ (Ebd., 00:03:27).

26 Ebd., 00:03:28.

27 Ebd., 01:11:53.

bemalt. Auch die Natur ringsum ist nun zur Kulisse geworden.[28] Es ist an dieser Stelle nicht mehr entscheidbar, ob es sich um eine Variante der ersten Einstellung oder aber um einen anderen Raum handeln soll. Zweitens dringt die Welt des bürgerlichen Zwangs und des Obrigkeitsstaates über die Institutionen des städtischen Amts und des Polizeireviers in die vermeintliche Welt des Wahns ein. Beide Institutionen figurieren nicht nur über die Körperhaltung sowohl des Stadtsekretärs als auch der Polizisten die Hierarchie des Obrigkeitsstaates – in erhöhter Position vor einem niedrigen Pult sitzend, müssen sie notwendig gekrümmt sitzen, sodass sie zugleich nach oben ‚buckeln' und ihrerseits auf die Bürger herabblicken[29] –, auch die Ämter selbst sind ihrerseits in der städtischen Raumanordnung in hierarchischer Überordnung über der Stadt angesiedelt.[30] Vor allem aber ist drittens die ‚Irrenanstalt' ihrerseits Teil der Binnenerzählung[31] – in der die Figur des Anstaltsdirektors der Wahnsinnige ist, in der der Wahnsinnige der ‚Normale' ist. Zugleich enthält die auf den ersten Blick gradlinige, perspektivisch korrekte ‚Irrenanstalt'[32] dann ihrerseits Räume, die der ‚verrückten' Perspektive unterliegen – es handelt sich genauer um die Räume des Anstaltsdirektors.[33] Umgekehrt schiebt sich genau dieser aperspektivische Raum in der allerletzten Sequenz des Films in den perspektivisch-gradlinigen Raum der Rahmenhandlung – und zwar genau in jenem Moment, in dem der Erzähler vom Direktor weggeführt und stillgestellt wird.[34] Die Räume der Vernunft und der Unvernunft sind mithin sowohl in der Rahmen- als auch in der Binnenerzählung vielfach ineinander geschachtelt, werden so ununterscheidbar und evozieren in der Folge in letzter Instanz die Ununterscheidbarkeit von Vernunft und Wahnsinn überhaupt. Es ist insofern auch hier die spezifische Raumgestaltung der sich ineinanderschiebenden Räume der Vernunft und des Wahnsinns, die an dieser Stelle die Ununterscheidbarkeit von Normalität und Wahnsinn allererst hervorrufen.

28 *Das Cabinet des Dr. Caligari*, 00:28:22–00:29:22; 00:42:47–00:43:03; 00:45:27–00:45:35.

29 Ebd., 00:08:36.

30 Ebd., 00:26:22–00:26:58.

31 Ebd., 00:51:52–01:03:45; 01:04:15–01:07:43.

32 Ebd., 00:51:52–00:53:20; 00:53:58–00:54:37.

33 Ebd., 00:53:21–00:53:57; 00:54:38–01:03:45; 01:04:15–01:07:43.

34 Ebd., 01:12:33–01:13:50.

V Die Welt – ein ‚Irrenhaus‘. Engführung

Es kann an dieser Stelle zunächst festgehalten werden, dass erzählende Literatur, bildende Kunst und Film im Expressionismus mit je unterschiedlichen medialen Mitteln durchaus vergleichbare Formen der Raumgestaltung entwickeln, genauer der Schaffung eines *Zwischenraumes, in dem der Wahnsinn sich seinen Weg bahnen kann* bzw. des *Ineinanderblendens von Räumen des ‚Wahnsinns‘ und des ‚Normalen‘*. Was in der Kurzprosa erzählerisch über die Auflösung einer vermeintlich dichotomischen Raumgestaltung und/oder die Einnahme der ‚verrückten‘ Perspektive realisiert wird, muss die bildende Kunst mit visuellen Mitteln umsetzten. In Erich Heckels *Der Verrückte* sind es die Rezeptionsangebote, die die vermeintlich strikte räumliche Trennung von bürgerlicher Welt (Betrachter) und Welt der Wahnsinnigen unterlaufen, ja aufheben. Robert Wienes *Das Cabinet des Dr. Caligari* schließlich weist eine komplexe Raumgestaltung auf, die die (Erzähl-)Strategien von Kurzprosa und bildender Kunst verbindet: Über die Visualisierung der verrückten Perspektive wird geleistet, was die expressionistische Kurzprosa über den personalen Erzähler realisiert.[35]

Es ist dies dann die Voraussetzung dafür, dass sich in der Figur des ‚Irren‘ die Zeitkritik des Expressionismus, die sich, wie die Forschung gezeigt hat, in der Auflösung der Dichotomie von Vernunft und Wahnsinn, von Bürger und ‚Irrem‘ manifestiert und gegen Obrigkeitsstaat, moderne Großstadt und das Bürgertum mit seiner vermeintlichen Normalität gerichtet ist, verdichtet. Indem also die Trennung der Räume des Wahnsinns und der Normalität gerade aufgebrochen wird, entfaltet sich auch die Zeitkritik in voller Radikalität, bedeutet die Auflösung der Trennung der Räume der Vernunft und Unvernunft doch zugleich die Auflösung der Dichotomie von Bürger und Wahnsinnigem überhaupt. Die spezifische Konzeption des Raumes ebenso wie die ‚Verortung‘ des Wahnsinnigen im Raum tragen mithin in besonderem Maße dazu bei, dass sich die Zeitkritik des Expressionismus in ihrer ganzen Kraft entfalten kann. Anders formuliert: Erst die Technik des Ineinanderblendens des Raums des Wahnsinns und des Raums des ‚Normalen‘ ermöglicht die Darstellung der *„Welt [als] Irrenhaus“*[36] in letzter Konsequenz.

35 Vgl. hierzu bereits Esselborn: Die „verrückte“ Perspektive.

36 Werfel: Blasphemie eines Irren, S. 40 (Herv. A. S. B.).

Wahnsinn im expressionistischen Film

Psychotherapie statt deutscher Macht-Sehnsucht

Larissa Kikol

Die *Caligari*-Debatte ist nicht nur ein filmgeschichtliches Phänomen, sondern auch ein soziologischer Diskurs, der sich durch das gesamte 20. Jahrhundert zieht: Nach Siegfried Kracauer stellten die Deutschen in ihren expressionistischen Filmen wie *Das Cabinet des Dr. Caligari*[1] oder *Nosferatu – Eine Symphonie des Grauens*[2] ihre Sehnsucht nach Führung und Macht unter Beweis.[3] Dem entgegengesetzt stehen unter anderem die Interpretationen der 1990er Jahre bis in die Gegenwart, die entsprechende Filmstorys als Kriegsverarbeitung und als surrealistische Darstellung von Traumata deuten.[4] Der Wahnsinn in der expressionistischen Filmwelt lag schon bei vielen Autoren und Wissenschaftlern auf der Analysecoach.

Tag- und Nachtalbträume, Schlafwandel und Wahn-Zustände bilden typische Motive dieses Filmgenres. Stets werden sie eingesetzt, um eine transzendentale Verbindung zum Bösen, zur eigenen Vergangenheit, zum Reich der Toten oder zu lauernden Gefahren herzustellen. Besonders aufschlussreich ist hierbei auch die Herausstellung der Unterschiede zwischen weiblichem und männlichem Wahnsinn. Es sind gerade die Szenen des Wahnsinns, die den Reiz für die Zuschauer und die Rezeptionsgeschichte entsprechender Filme ausmachen.

In diesem Aufsatz stütze ich die Thesen des amerikanischen Filmwissenschaftlers Anton Kaes, die er in seiner Publikation *Shell Shock Cinemas* ausarbeitet, sowie die Forschungsperspektive des deutschen Autors Olaf Brill in seiner Dissertation *Der Caligari-Komplex* und führe weitere Argumente für folgenden Standpunkt an: Der angewandte, technische Expressionismus im Filmstudio stellt die ideale

1 *Das Cabinet des Dr. Caligari* (D 1919/1920, R: Robert Wiene).

2 *Nosferatu–Eine Symphonie des Grauens* (D 1922, R: Friedrich Wilhelm Murnau).

3 Vgl. Siegfried Kracauer: *Von Caligari zu Hitler. Eine psychologische Geschichte des deutschen Films*. Berlin: Suhrkamp 1984, S. 67–83.

4 Vgl. Olaf Brill: *Der Caligari-Komplex*. München: Belleville 2012, S. 297.

Verfremdungsvorlage dar, um eine nationale Traumatisierung zu therapieren, ganz im Sinne einer psychologischen Traumdeutung. Gerade der dargestellte Wahnsinn im *Caligari*-Film soll als kollektive Behandlung von Kriegsneurosen verstanden werden.[5] Der expressionistische Film ist mehr ein Produkt der Nachkriegszeit des Ersten Weltkriegs, weniger der Vorbereitungszeit des Zweiten Weltkriegs. Aus diesem Blickwinkel werden die szenischen Darstellungen von Wahnsinn gedeutet werden.

Zur *Caligari*-Debatte

Der Film *Das Cabinet des Dr. Caligari* von 1919/1920 handelt von der Erzählung der Hauptperson Franzis. Zu Beginn sieht man ihn mit einem anderen Mann auf einer Bank sitzen, Franzis Geschichte führt in die Haupthandlung des Films, d.h. in seine Erinnerung: Der Schausteller Dr. Caligari stellt auf einem Jahrmarkt den Somnambulen Cesare vor, der, manipuliert durch Caligari, eines Nachts die Morde an Franzis Freund Alan und an einem Staatssekretär verübt. Franzis verdächtigt Cesare, doch er steht mit dieser Vermutung zunächst alleine dar. Später wird Jane, eine Frau, in die Alan wie auch Franzis verliebt waren, von Cesare entführt. Der Somnambule flieht und Franzis verfolgt ihn bis zu einer Irrenanstalt. Dort findet er heraus, dass Caligari in Wahrheit der wahnsinnige Direktor der Anstalt ist und erschreckende Experimente durchführt. Caligari wird im Anschluss verhaftet. Franzis Erzählung ist somit zu Ende und er befindet sich wieder auf der Parkbank wie auch schon zu Anfang des Films. Die Männer gehen zurück zur Irrenanstalt, Franzis erkennt Jane und Cesare als Patienten und Caligari als Direktor wieder. Am Ende wird jedoch Franzis für verrückt erklärt, seine erinnerte Erzählung sei dem Wahn entsprungen. Franzis wird in eine Zwangsjacke gesteckt.[6]

Kracauers Interpretation des Films von 1947 stellt eine eindeutige Sicht auf die deutsche, psychologische Disposition dar. Der Film offenbare die deutsche Sehnsucht nach einem Caligari, d.h. nach einem totalitären Herrscher, die präfaschistischen Tendenzen in der Bevölkerung spiegelten sich hier wider. Caligari sei der archetypische Tyrann

5 Vgl. Anton Kaes: *Shell Shock Cinema*. Princeton: Princeton UP 2011, S. 45–86.

6 Vgl. Brill: *Der Caligari-Komplex*, S. 367.

schlechthin.[7] Für Kracauer ist vor allem das Ende des Films entscheidend, würde Franzis nicht als verrückt dargestellt, dann hätte das Gute über das Böse gesiegt. So wird aber die einzige Person, die Widerstand und Einsatz gegen den Manipulator Caligari zeigte, mundtot gemacht. Caligari als Stellvertreter für eine Staatsautorität gewinnt, Franzis Aufschrei versiegt.[8]

In den 1970er Jahren unternahm die französische Philosophin Catherine Clément den Versuch, den Film einem anderen Zeitgeist zuzuschreiben. Die Entstehungszeit von *Caligari* sei gleichzeitig auch eine Phase, in der die Psychoanalyse einen populären Höhepunkt erreichte. Aber nicht Franzis oder Caligari, sondern die Zerrissenheit der weiblichen Hauptperson Jane zwischen zwei Männern und ihren Begehren stehe im Mittelpunkt.[9] Dem schloss sich auch der deutsche Filmhistoriker Thomas Elsaesser in den 1980er Jahren an: Die sexuellen Konnotationen seien unmissverständlich, „mehrere ödipale Lesarten"[10] aus männlicher und weiblicher Sicht seien in dieser Filmhandlung angelegt.[11]

Seit den 1990er Jahren änderte sich noch einmal die Interpretationsdebatte um *Caligari*. Filme der Weimarer Zeit wurden nicht mehr unbedingt als Vorgriff auf den Nationalsozialismus verstanden, sondern als Verarbeitungsmodell der Kriegserfahrungen des Ersten Weltkriegs. Anton Kaes betrachtete den *Caligari*-Film als psychologische Therapiesitzung für die Zuschauer. In *Shell Shock Cinema* argumentierte er, dass die Auseinandersetzung mit Kriegsneurosen und ihren oft unmenschlichen Behandlungsmethoden der Militärpsychatrie in dem *Caligari*-Film wiederzufinden sei. Elektroschocks und andere Maßnahmen haben traumatisierte Soldaten bis zum Selbstmord getrieben, die Figur Franzis sei mit solch einem traumatisierten Kriegsheimkehrer zu vergleichen. Seine Erzählung gleiche einer therapeutischen Sitzung nach Sigmund Freud, seine verzerrten Erinnerungen könnten anstelle

7 Vgl. Kracauer: *Von Caligari zu Hitler*, S. 67–83.

8 Vgl. ebd., S. 73–74.

9 Vgl. Catherine Clément: Die Scharlatane und die Hysteriker. In: *Filmkritik* 243 (1977), S. 122–137.

10 Brill: *Der Caligari-Komplex*, S. 296.

11 Vgl. Thomas Elsaesser: Social Mobility and the Fantastic. German Silent Cinema. In: James Donald (Hrsg.): *Fantasy and the Cinema*. London: British Film Institute 1989, S. 171–189.

von einem Psychiater dann von den Zuschauern analysiert werden. Das Herauskristallisieren und Unterscheiden von Wahrem, Symbolischem und Verzerrtem im filmischen Wahnsinn ist eine Aufgabe, die selbsttherapeutische Heilung unter den Zuschauern auslösen könne.[12] Die aktuelle *Caligari*-Forschung wird entscheidend durch Olaf Brills Forschungsarbeit *Der Caligari-Komplex* fortgeführt. Brill kommt zu einem ähnlichen Fazit wie Kaes. Auch er wertet die unterbewussten, soziologischen Komponenten des Films hinsichtlich einer expressionistisch verfremdeten und somit eher subtilen Reflektion der Traumata des Ersten Weltkriegs aus.[13]

Auch ich stütze Kaes' und Brills Auslegung mit folgenden Beobachtungen: Durch die Erzählperspektive und die empathische Konstruktion der Figur Franzis wird der Zuschauer auf seine und nicht auf Caligaris Seite gezogen. Das Ende des Films ändert daran nichts, im Gegenteil verstärkt es die Empathie gegenüber Franzis' Lage sogar noch. Die psychologische Hauptstimmung des Films handelt mehr von dem Gefühl des Alleinseins und der Ohnmacht (die Situation von Franzis) als dem Gefühl der Macht (dem Wunsch von Caligari). Die Gestalt des Todbringenden bzw. des Mörders im Film ist eine unmenschliche. Cesare als Somnambuler ist kein Individuum, er hat keinen Charakter, sondern handelt vielmehr als körperliche Maschine. Ähnlich ist der Krieg: Es liegt nicht in seiner Natur, dass die Rekonstruktionsmöglichkeit bestände, welcher Soldat von welchem Soldaten getötet wurde, d. h., dass im Nachhinein keine einzelne Person für den Tod eines anderen auf dem Schlachtfeld ausgemacht werden kann, sondern nur ein Heer als abstrakte Masse. Der Tod, der Mord im Krieg hat somit kein individuelles Gesicht. In Franzis' Erzählung kann Cesare also durchaus als Stellvertreter für einen end-individualisierten Todbringer, also den Krieg als Abstraktum, gedeutet werden.

Der Erfolg des *Caligari*-Wahnsinns zeichnet sich dadurch aus, dass er als Schablone für die unterschiedlichsten soziologischen Intentionen herangezogen werden kann. Dieses hohe Deutungspotential des expressionistischen Film-Wahnsinns wird durch den kurzen Abriss der *Caligari*-Debatte ersichtlich: Der Schlüssel zum Verständnis des Films liegt in der jeweiligen Auslegung des Wahnsinns und seines

12 Vgl. Kaes: *Shell Shock Cinema*, S. 45–86.

13 Vgl. Brill: *Der Caligari-Komplex*, S. 302.

Realitätsgehalts. Er dient als Projektionsfläche für entsprechende Reflektionen, die jeweils ihrer eigenen Zeit verhaftet sind. So sucht man nach dem Zweiten Weltkrieg Spuren des Nationalsozialismus, in den 1970er und 1980er Jahren sieht man den Film als beispielhaftes Artefakt in einer Zeit der Frauen- und der sexuellen Befreiungsbewegung oder gegenwärtig als „Wendepunkt der deutschen Filmgeschichte"[14], als komplexes Produkt und therapeutische Katharsis der Weimarer Zeit.

Männlicher und weiblicher Wahnsinn?

Zwei weitere Filme, *Nerven*[15] und *Nosferatu – Eine Symphonie des Grauens*, handeln von psychologischen Zuständen, die ebenfalls unter den modernen Oberbegriff des Wahnsinns fallen. Eine mal konkrete, mal abstrakte Nähe zu den realen Nachwirkungen des Ersten Weltkriegs lassen sich durch sie zusätzlich verdeutlichen. Der Fabrikbesitzer Roloff in *Nerven* leidet an einem Kriegstrauma, das es ihm letzten Endes unmöglich macht, zwischen Erinnerung und Realität zu unterscheiden. Er ist eine der Hauptfiguren in dem Film *Nerven* (1919), in dessen Handlungsverlauf er immer weiter dem Wahn verfällt und schließlich um Sterbehilfe bittet. Sie wird ihm gewährt, weil der Tod als einzige Erlösung für den als unheilbar Diagnostizierten angesehen wird. Die Szenen seiner Erkrankung beginnen mit Flashbacks von Kriegserinnerungen, die konkret visualisiert werden. Seine leidende Pose vor und nach den Erinnerungsszenen wird oft von seiner Frau verdoppelt, beispielsweise steht sie hinter ihm an einem Fenster, berührt ihn, will ihn halten und verkörpert durch geschlossene Augen, zurück geneigten Kopf und leidende Mimik, dass die inneren Bilder ihres Mannes sich auf sie zu übertragen scheinen.[16] Das Trauma ist zunächst ein männliches, das der Kriegsheimkehrer; es überträgt sich aber auf die Ehefrauen und Mütter, d.h. auf die Angehörigen. Roloffs Frau gilt hier als hoch empathisches, stark sensibles, liebendes und weibliches Medium, welches das Trauma empfängt. Auch zu Beginn des Films wird eine Mutter gezeigt, die das Sterben ihres Sohnes weit entfernt an der Front unmittelbar, auf telepathische Weise erfährt und zeitgleich miterlebt.

14 Brill: *Der Caligari-Komplex*, S. 303.
15 *Nerven* (D 1919, R: Robert Reinert).
16 Ebd., 00:13:49.

Auch sie verkörpert ein weibliches Medium, welches den Tod, den Schrecken und das Dunkle empfangen kann.
Die dramatische Zuspitzung von Roloffs Wahnsinn wird durch neue, technische Tricks im expressionistischen Film dargestellt. Eine Szene spielt im Wald, in dem Roloff in seinen Gedanken steht.[17] Durch Überblendungen und Verzerrungen erscheint sein Körper halb transparent, sein Gesicht, seine Schultern und Arme sind zwar noch zu erkennen, aber durch seinen Torso und seine Beine scheint der Wald hindurch. Visuell löst sich sein Körper auf, ein Zeichen für die innere Orientierungslosigkeit. Der Wahnsinn wird hier durch eine Entkörperung dargestellt, das szenografische (film-expressionistische) Umfeld spiegelt das innere Chaos wider, die verrückten Bilder, in denen der Geist keinen realen Körper, d. h. keine Brücke mehr zur Realität findet. Der Verlust des Körpers im Wahnsinn steht den Kriegsszenen des Todes gegenüber. In letzteren liegen fleischige Körper, die nur mit einer Unterhose bekleidet sind, verdreht auf dem Schlachtfeld übereinander. Der Tod wird materialistisch, fleischlich dargestellt, der Wahnsinn hingegen als entmaterialisierte Sphäre. Dies gilt auch dann noch, wenn sich das Ich von Roloff in seinen Vorstellungen verdoppelt und ihn im Nebel verfolgt.[18] Die film-expressionistische Technik eignete sich hervorragend dazu, den Geist vom Körper abzuspalten und ihn sich in einer Wahnvorstellung verirren zu lassen. So wie in der Filmwelt der wahnsinnige Geist keinen Platz mehr im Körper findet, hatte auch in der realen Welt das Trauma keinen Platz in der Gesellschaft in dem Sinne, dass man nicht wusste, wie es zu therapieren sei und welche langfristigen Auswirkungen ein Trauma haben kann. Durch die technischen Überblendungen und Verzerrungen wird zusätzlich das eigene Raum-Zeitgefüge des Wahnsinns zur Anschauung gebracht.
In *Nosferatu – Eine Symphonie des Grauens* wird der Wahnsinn weiblich und männlich ausgespielt. Die Ehefrau Ellen wartet auf die Rückkehr ihres Mannes Hutter, der den Auftrag bekommen hat, ein Immobiliengeschäft mit dem Grafen Orlok (Nosferatu) abzuwickeln. Sein Chef Knock hat ihn dafür auf eine Reise in die Karpaten geschickt, um Orlok zu besuchen. Knock verfällt während der Filmhandlung selbst dem Wahnsinn. Je näher Orlok schließlich der Stadt

17 Ebd., 01:03:34.
18 Ebd., 01:05:34.

kommt, umso gefährlicher und verrückter wird Knock voller düsterer Vorfreude. Knock findet sich zwischenzeitlich in einer Zelle eingesperrt wieder; in jeder Szene sieht man die Zellenwand mehr und mehr zerkratzt und mit Kritzeln übersäht. Seine Verrücktheit wird durch den Kontrast von Aggression, Kindlichkeit und ergrauten Haaren dargestellt. Er ist ein alter Mann, der unkontrollierbar diejenigen angreift, die sich ihm in den Weg stellen, und parallel eine kindlich verrückte Mimik aufweist. Der Wahnsinn wird zusätzlich durch eine Zeichnung von ihm an der Wand visualisiert.[19] Man sieht ein Strichmännchen, das zittrig und kindlich anmutet. Es hat eine große Nase, einen Kinnbart und einen nach vorne ausgetreckten Arm mit langen Spinnenfingern. Seine Gestalt scheint wie hypnotisiert, es richtet sich nach vorne, als ob es von einem Magneten angezogen würde. So wie Knock, der wie in Trance auf seinen Meister Nosferatu wartet. Solch eine Zeichnung hätte man später der Art Brut zugeschrieben.

Der männliche Wahnsinn ist hier eine Mischung aus einem unheimlichen Rückfall in die Kindlichkeit und gefährlichem Größenwahn gepaart mit Wut und körperlicher Aggression. Der weibliche Wahnsinn, verkörpert durch die Figur Ellen, drückt sich wiederum ganz anders aus: Schon als ihr Mann Hutter voller Abenteuerlust und Naivität aufbricht, um Orlok zu besuchen, verfällt sie in tiefe Sorge. Ihre Figur ist als sensible, feinfühlige, melancholische, häusliche Frau angelegt; sie steht im Kontrast zur naiven, ebenfalls kindlichen Abenteuerlust ihres Mannes. Sie beginnt schließlich, auf ihrem Balkon und auf der Balkonbrüstung in einem stets weißen Nachthemd und mit ausgestreckten Armen zu schlafwandeln.[20] Sie fühlt die näher rückende Präsenz von Nosferatu, so als würde auch sie von ihm angezogen werden. In einem telepathischen Trancezustand spürt sie dann auch, dass ihr Mann in der Ferne in Gefahr schwebt. Sie schreit seinen Namen und Nosferatu, der unmittelbar dabei war, ihn anzugreifen, lässt von Hutter ab, so als höre auch er ihre Schreie. Somit erinnert der Film *Nosferatu* an den Film *Nerven*, denn in beiden werden telepathische Momente beschrieben: Daheimgebliebene Frauen spüren, wenn ihre fernen Männer in Gefahr sind.

Sehr naheliegend ist hier wiederum die Assoziation zum Krieg. Hutter und Knock locken den Tod, verkörpert durch Nosferatu, schließlich

19 *Nosferatu–Eine Symphonie des Grauens*, 01:04:35.

20 Ebd., 01:02:12.

in ihre Heimatstadt. Knock tut dies bewusst, Hutter aus gutgläubiger Naivität – und das Sterben in der Stadt beginnt. Ellen opfert schließlich ihr Leben, um Nosferatu zu vernichten und das Sterben ihrer Mitbürger aufzuhalten. Es sind folglich die Männer, die den Tod herbei holen, ähnlich wie die Soldaten, die aus bewussten kriegerischen Gründen an die Front gezogen sind (Knock) oder aus naiver Reise- und Abenteuerlust (Hutter). Damit steht Hutter für einen Typ von Mann, zu dem auch viele expressionistische Künstler gehörten, die sich vom Krieg eine positive Wendung erhofften.[21] Oft waren die Kriegsbegeisterten Bildungsbürger,[22] die den Krieg in seinen Ausmaßen und als Todesbringer auf fatale Weise unterschätzten.
Ellens Figur bzw. ihr Wahnsinn zeichnet sich durch eine feinfühlige, sensible Natur aus, die Verlustängste, Ohnmacht, Telepathie und Opferbereitschaft miteinschließt. Sie steht zwischen zwei Welten, zwischen Leben und Tod, zwischen Dunkel und Hell, zwischen Hilflosigkeit, fremder Inbesitznahme, Kontrollverlust und Panik.
Übertrug sich in *Nerven* das männliche Trauma auf die Ehefrau, hat in *Nosferatu* ebenfalls eine männliche, düstere Macht Auswirkungen auf die psychologische Konstitution der weiblichen Hauptfigur. Der Topos Wahnsinn in diesen Filmen birgt einen Übertragungscharakter in sich, der mal direkt vom Krieg, mal abstrakter von einem Vampir angestoßen wird und dann unter den Menschen eine Kettenreaktion der Ansteckung auslöst, ähnlich wie ein Virus. Die Männer stehen oft in direkterem, körperlichem Kontakt mit dem Virenherd, die Frauen, als geistliches Medium, empfangen ihn vielmehr emotional. Betroffen vom Wahnsinn sind aber beide Geschlechter – wie auch von den Kriegsfolgen in der realen Welt.

Im Zeitgeist der Nachkriegsgenerationen

Dass nicht nur Kriegsheimkehrer Traumatisierungen erleiden, sondern dass sich dieses Trauma auch auf die Familie und die nachfolgenden Generationen übertragen lässt, ist eine Erkenntnis, die in der jüngsten Zeit verstärkt durch Literatur, Filme, Serien und Forschung in die Öffentlichkeit getragen wird. Psychologische Untersuchungen

21 Vgl. Brill: *Der Caligari-Komplex*, S. 39.

22 Vgl. Barbara Galaktionow: Allgemeine Kriegsbegeisterung ist eine Mär. In: *Süddeutsche Zeitung*, 06.08.2014. http://www.sueddeutsche.de/politik/erster-weltkrieg-die-allgemeine-kriegsbegeisterung-ist-eine-maer-1.2075802 (Zugriff am 13.05.2017).

und Erfahrungsberichte von Betroffenen haben verdeutlicht, dass das Aufwachsen bei traumatisierten, durch den Krieg gezeichneten Eltern psychische Probleme auf Seiten der Kinder auslösen kann. Die Psychotherapeutin Bettina Alberti veröffentlichte 2010 das Buch *Seelische Trümmer: Geboren in den 50er- und 60er-Jahren: Die Nachkriegsgeneration im Schatten des Kriegstraumas*, in dem sie die Geschichten von vielen Betroffenen nacherzählt sowie ihre eigenen Erfahrungen als Therapeutin miteinbezieht. So berichtet sie, dass Kinder der Nachkriegsgeneration u. a. an einer oft tief empfundenen Einsamkeit leiden, ein diffuses, depressives Lebensgrundgefühl mit sich herumtragen sowie Selbstwertprobleme und Selbstwahrnehmungsprobleme aufweisen. Sie trügen einen Schmerz in sich, der einerseits ihr eigener sei, aber andererseits auch ein vererbter Schmerz ihrer Eltern. Eltern, die den Krieg nicht aufgearbeitet und verarbeitet haben, könnten sich schwer bis kaum der Seele und den emotionalen Bedürfnissen ihrer Kinder widmen; so entsteht ein Defizit, das die genannten psychischen Probleme in Gang setzen kann. Und auch die Kinder dieser Kinder, also die Kinder der Nachkriegsgeneration können noch darunter leiden.[23]
Natürlich sind diese Erkenntnisse nicht unmittelbar nach dem Ersten oder Zweiten Weltkrieg möglich gewesen; es brauchte die weitere Entwicklung der psychologischen Forschung und des Forschungsobjekts und ist eine Errungenschaft der weiteren Generationen. Insofern ist die hiesige Interpretation der drei Beispielfilme der gegenwärtigen Sichtweise verpflichtet. Was in der Moderne unter Wahnsinn gefasst wurde, erschien im Laufe der Zeit immer mehr als Traumadarstellung. Mein Blick auf die Filme bezüglich eines Wahnsinns, der weitergegeben und von Nahestehenden telepathisch, empathisch oder unmittelbar empfangen wird, ist somit ein Blick aus der Nach-Nach-Generation, der auch Kaes' und Brills Forschungsarbeiten angehören. Das heißt nicht, dass die heutigen Debatten über expressionistische Filme wahrer oder unwahrer sein müssen als die zurückliegenden Analysen. Es heißt aber, dass der expressionistische Film-Wahnsinn eine reichhaltige, immer wieder neu zu reaktivierende Projektionsfläche für soziologische Fragestellungen bietet, mit deren Hilfe sich neue interpretatorisch aufschlussreiche Perspektiven ergeben.

23 Vgl. Bettina Alberti: *Seelische Trümmer: Geboren in den 50er- und 60er-Jahren: Die Nachkriegsgeneration im Schatten des Kriegstraumas.* München: Kösel 2010, S. 9–13.

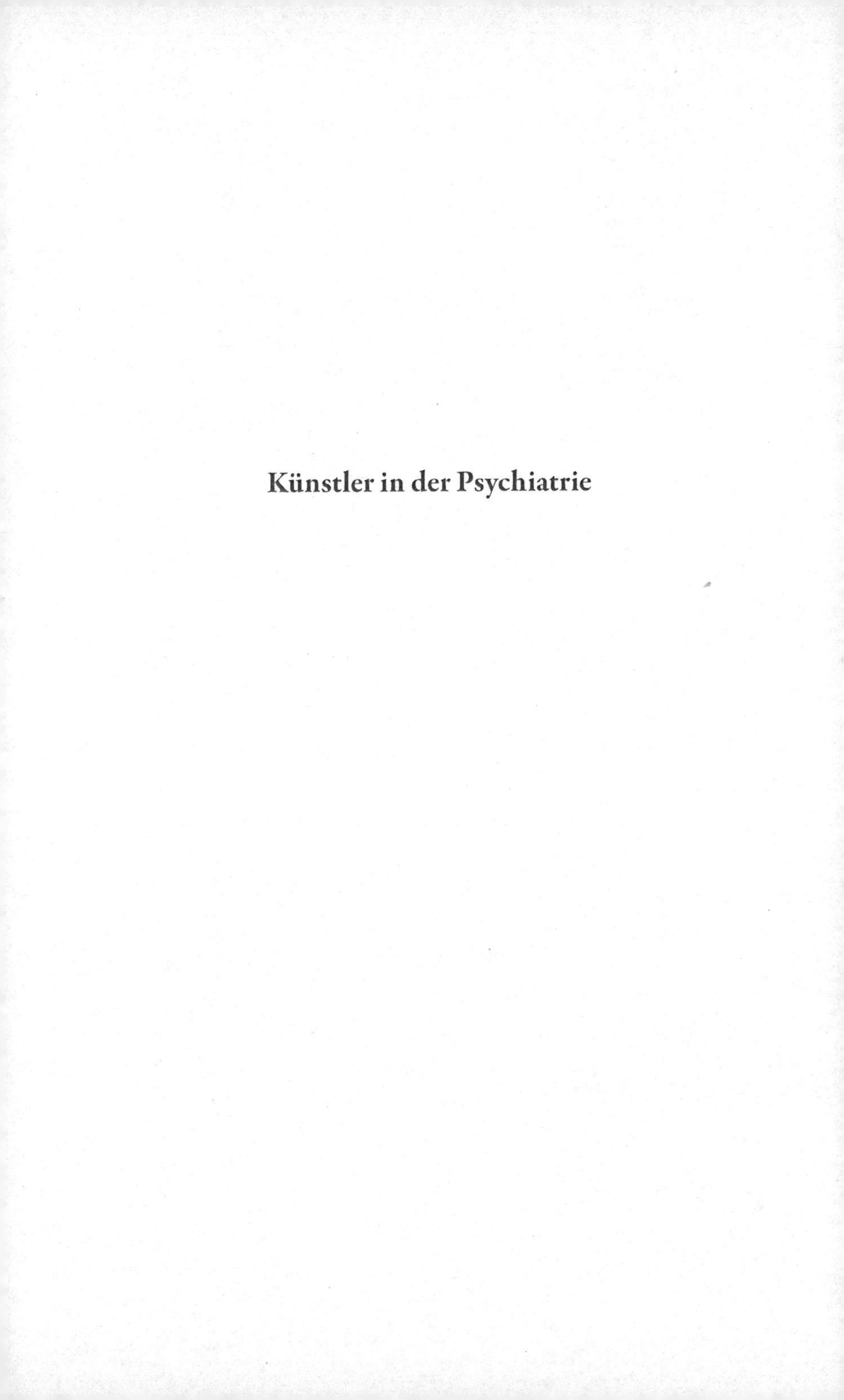

Künstler in der Psychiatrie

Paul Goesch – ein Expressionist in der Psychiatrie

Thomas Röske

Immer noch viel zu wenig bekannt als Vertreter des Expressionismus ist Paul Goesch (1885–1940), dessen künstlerische Karriere sich im Spannungsfeld zwischen Avantgarde und psychiatrischer Anstalt entwickelte.[1] Durch Vielfalt in Motivik und Farbkomposition ragen seine Werke unter denen der Zeitgenossen hervor und fordern den Vergleich mit Paul Klee heraus. Goeschs Verbindungen zu anderen Maler*innen und Zeichner*innen der Avantgarde sind noch genauso zu ergründen wie viele andere Aspekte seines Lebens und seines Œuvres, mit Gewinn nicht zuletzt für das Forschungsfeld Expressionismus und Wahnsinn.

Der Grund für den Wissensrückstand ist sicherlich vor allem in der langjährigen Psychiatrisierung Goeschs zu suchen. Vergleichbar ist das Vergessen Elfriede Lohse-Wächtlers (1899–1940),[2] weitere Beispiele wurden etwa in der Ausstellung *Künstler in der Irre* (2008) der Sammlung Prinzhorn vorgestellt.[3]

Leben und Werk

Paul Goesch, 1885 als sechstes von acht Kindern eines Landgerichtsrats in Schwerin geboren, wuchs in einer vielfältig musisch interessierten Familie auf, seit 1897 in Berlin-Friedenau.[4] Ab 1903 studierte er in

1 Siehe Thomas Röske (Hrsg.): *Paul Goesch (1885–1940). Zwischen Avantgarde und Anstalt.* Ausstellungskatalog Sammlung Prinzhorn. Heidelberg: Wunderhorn 2016. Der vorliegende Text basiert wesentlich auf meiner Einleitung zu diesem Band: Paul Goesch – zwischen Avantgarde und Anstalt. In: Ebd., S. 18–29, geht aber in manchem darüber hinaus und spitzt die Argumentation neu zu. Größere Sammlungen von Werken Paul Goeschs befinden sich in der Berliner Akademie der Künste, der Berlinischen Galerie, der Sammlung Prinzhorn in Heidelberg und dem Centre canadien d'architecture in Montréal, Kanada.

2 Siehe etwa Dirk Blübaum (Hrsg.): *Elfriede Lohse-Wächtler (1899–1940).* Ausstellungskatalog Zeppelin Museum Friedrichshafen. Tübingen / Berlin: Wasmuth 2008.

3 Siehe Bettina Brand-Claussen / Thomas Röske (Hrsg.): *Künstler in der Irre.* Ausstellungskatalog Sammlung Prinzhorn. Heidelberg: Wunderhorn 2008.

4 Zur Biographie Goeschs siehe Röske (Hrsg.): *Paul Goesch*, S. 7–17. Wichtigste Quelle dafür ist Goeschs ausführliche Krankenakte der Heil- und Pflegeanstalt

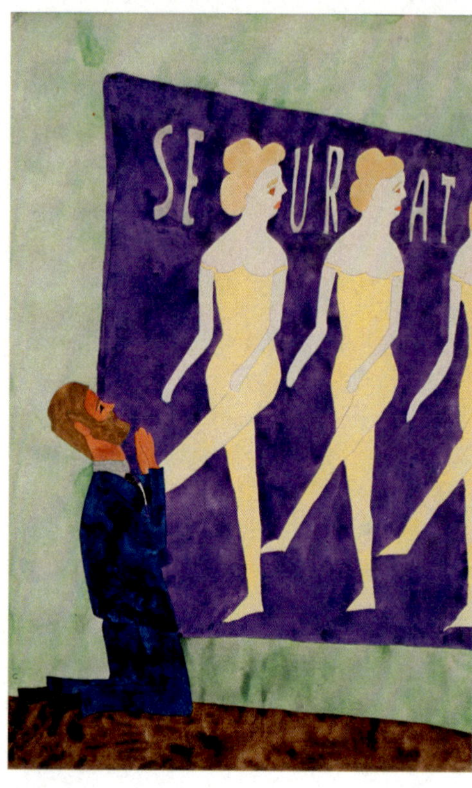

Abb. 1
Paul Goesch:
Anbetung für Seurat, o. J.
Gouache über
Bleistift auf Papier,
32,8 x 20,5 cm.

München, Karlsruhe, Dresden und schließlich in Berlin Architektur und unternahm Studienreisen durch Deutschland, Italien und Frankreich. 1914 erhielt er sein Diplom als „Regierungsbaumeister" und war anschließend, von 1915 bis 1917, also während des Ersten Weltkriegs, als solcher im westpreußischen Kulm (heute polnisch Chełmno) bei der Post angestellt.

Während seines Studiums scheint Goesch nur einen Monat Akt-Stunden in dem von Wilhelm von Debschitz geleiteten Münchner Lehr- und Versuchsatelier für angewandte und freie Kunst besucht zu haben. Ansonsten wissen wir nur, dass er sich seit einer Paris-Reise 1908 den Pointillisten George Seurat, einen anderen wichtigen Anreger der Moderne, zum Vorbild nahm. (Abb. 1) Den wenigen Frühwerken nach

Göttingen (Fotokopie in der Sammlung Prinzhorn, Heidelberg; Original in Verlust), im Folgenden zitiert als Krankenakte Göttingen.

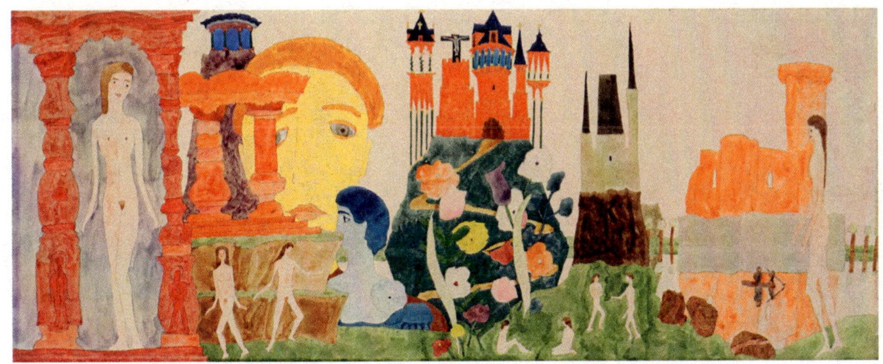

Abb. 2: Paul Goesch: *Phantastische Landschaft*, zwischen 1917 und 1919. Gouache über Bleistift auf Papier, 19,3 x 47 cm.

zu urteilen, müssen ihn an diesem Maler die Einfachheit der Form und die Klarheit der Farben fasziniert haben, die Dargestelltes aus der Realität zu entrücken scheinen. 1908 wagte sich der junge Künstler auch das erste Mal an eine künstlerische Raumgestaltung und malte eine Turnhalle in Laubegast bei Dresden aus,[5] von der sich allerdings nur Fragmente erhalten haben.

Zum Ausbruch kam sein malerisches Talent erst wirklich während einer ersten Psychiatrisierung 1917–1919. Schon 1909–1910 hatte Goesch zweimal wegen psychischer Krisen für kürzere Zeit Nervensanatorien aufgesucht. Nun aber, in der Westpreußischen Provinzial-Irren-Heil- und Pflegeanstalt Schwetz (heute polnisch Świecie), lautete die Diagnose erstmals „Dementia praecox", da er Personen verkannte, Stimmen hörte, Halluzinationen und wirklichkeitsferne Größenideen hatte. Spätestens seit 1918 entstanden hier, ermöglicht durch Materialgaben von Seiten der Familie, aber sicherlich auch dank einer Aufgeschlossenheit der Ärzte mehr als tausend farbige Blätter. Alle Themen, die den Künstler auch später beschäftigten, gestaltete er jetzt bereits, selbst das Phantastische, melancholisch Humorvolle und Exaltierte dominiert schon seine Bildwelt. (Abb. 2) Mit früheren Beispielen verbinden diese Malerei Flächigkeit und Kontrastreichtum, die Zeichnung beschränkt sich auf Konturlinien und Ornamentik. Die Motive

5 Paul Fechter: *Menschen und Zeiten. Begegnungen aus fünf Jahrzehnten.* Berlin / Hamburg: Bertelsmann 1949, S. 250.

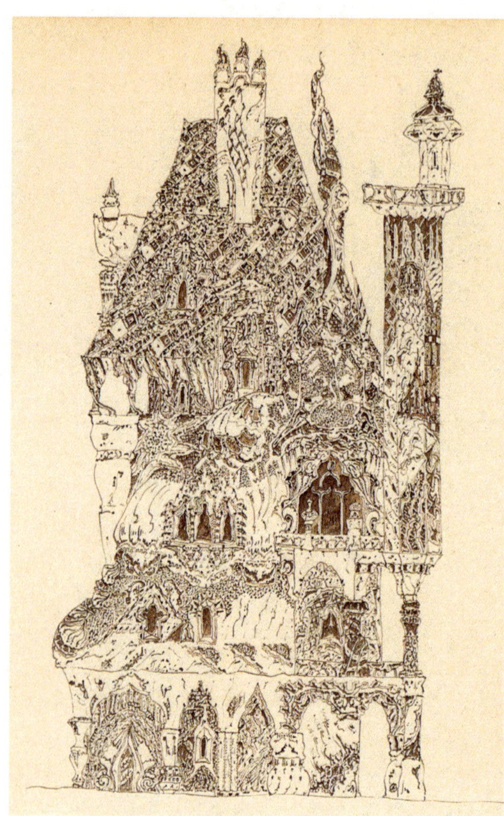

Abb. 3
Paul Goesch:
Ohne Titel,
Seite eines Skizzenbuches,
15.11.1918–16.03.1919.
Feder und Tinte auf Papier,
32,2 x 20,4 cm.

sind jedoch kleinteiliger und komplexer geworden. Vor allem die architektonischen Entwürfe ornamentierte Goesch nun geradezu atemberaubend vielfältig und detailliert. (Abb. 3)

Im Oktober 1919 aus der Anstalt entlassen war Goesch nicht in der Lage, in seinen früheren Beruf zurückzukehren. Denn als Staatsbediensteten hatte man ihn 1918 pensioniert. Er zog zu seinem Vater nach Berlin und nahm dort ab 1919 am Aufbruch der Kunst nach dem Ersten Weltkrieg teil, wurde Mitglied in der Novembergruppe und im Arbeitsrat für Kunst und stellte mit diesen Gruppierungen aus. Unter dem Namen Tancred nahm er an der Gläsernen Kette teil, einer Briefgemeinschaft utopisch gesinnter Architekten um Bruno Taut. In dessen Zeitschrift *Frühlicht*, die ab 1920 als Anhang der Halbmonatsschrift *Stadtbaukunst alter und neuer Zeit* erschien, 1921–1922 dann als eigenes Organ, publizierte er Zeichnungen und Texte. Seine Werke und Gedanken wurden also als originelle Beiträge zum ästhetischen Diskurs der Zeit geschätzt.

Doch die Zeit starker Vernetzung mit gleichgesinnten Künstlern in Berlin hielt nur knapp zwei Jahre an. Im Juli 1921 wurde Goesch erneut in die Psychiatrie eingeliefert, mit den früheren Symptomen. Außerdem äußerte der Patient von nun an immer wieder die fixe Idee, dass er die Prinzessin Victoria zu Bentheim heiraten müsse, da er sie geschwängert habe, wenn auch nur in einem Trancezustand oder im Traum. Die Adlige hatte er offenbar 1915 auf einer Exkursion in Sachsen kennengelernt. Diesmal verblieb Goesch dauerhaft in der Obhut der Ärzte, nicht zuletzt auf eigenen Wunsch.[6] Zwar wurde er noch zweimal, 1922 und 1923, für kurze Zeit entlassen. Bei seiner erneuten Aufnahme im Mai 1923 sagt er dem Arzt: „In der Anstalt will er gerne bleiben, er habe sogar schon länger den Wunsch empfunden wieder hierher zurückzukehren".[7] Mehr noch als in Schwetz genoss Goesch in der Göttinger Anstalt Privilegien, da sein Schwager Rudolf Redepenning ärztlicher Leiter der benachbarten Heil- und Erziehungsanstalt für psychopathische Fürsorgezöglinge war und mit Frau und zwei Kindern in einem Haus auf dem Anstaltsgelände wohnte. Zeitweise lebte Goesch bei den Verwandten in einem eigenen Zimmer. So verwundert es nicht, dass er erneut künstlerisch besonders produktiv werden konnte. Der größte Teil seines zeichnerischen und malerischen Œuvres ist in den Göttinger Jahren bis 1934 entstanden.

Eine künstlerische Entwicklung ist während dieses zweiten Psychiatrieaufenthalts schwer zu bestimmen, da nur wenige der erhaltenen Werke datiert und deren Bilderfindungen zu vielfältig sind.[8] Die Bildthemen bleiben weitgehend gleich, nur die Zahl komplexerer figurenreicher Szenen scheint abzunehmen. Daneben fällt immerhin auf, dass ab 1925 figürliche Kompositionen strenger in die Fläche eingepasst (Abb. 4) und Architekturentwürfe einfacher werden. Goesch hielt zunächst noch Kontakt mit der Kunstwelt außerhalb der Anstalt. 1923 fertigte er für die Publikation *Isaac bekommt Rebecca zum Weibe* aus einer neuen

6 Zum Aspekt „selbstbestimmter Fremdbestimmtheit" in Goeschs Göttinger Zeit siehe Philipp Müller: Körper zwischen Leid und Heil: Zergliederung bei Paul Goesch. In: Röske (Hrsg.): *Paul Goesch*, S. 30–41, hier S. 33–34.

7 Krankenakte Göttingen, S. 25 (Eintrag vom 11.05.1923).

8 Siehe die chronologisch angeordneten Werke im Heidelberger Bestand in: Röske (Hrsg.): *Paul Goesch*, S. 163–174.

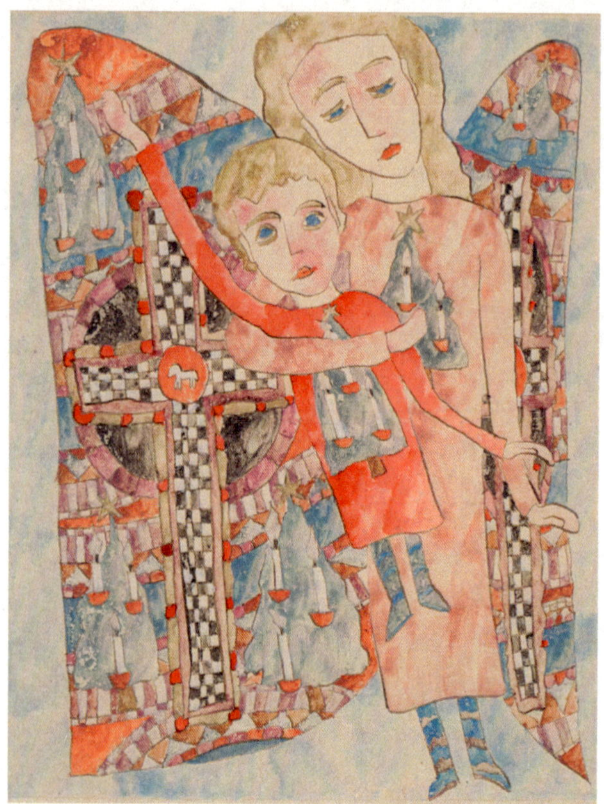

Abb. 4: Paul Goesch: *Auf den Tod eines Kindes*, 1925. Gouache mit Deckweiß über Feder in Schwarz und Bleistift auf Papier, 20,1 x 15,5 cm.

Reihe von „Bibeldrucken" des Hadern-Verlags zwei Holzschnitte an.[9] Auch war er bis 1929 immer wieder mit Werken an der Großen Berliner Kunstausstellung in der Sektion der Novembergruppe beteiligt. Die Krankenakte erwähnt „Aquarelle" noch bis 1932.[10] Dann gibt es keine Notizen mehr zu künstlerischen Werken.

Für Goeschs Lebensjahre nach 1934 ist leider nicht mehr viel zu berichten. Da sein Schwager aus politischen Gründen nach

9 Sabine Mechler: Paul Goesch – Schutz gegen Verfehlungen. In: Brand-Claussen / Röske: *Künstler in der Irre*, S. 202–213, hier S. 210 (Abb. S. 212).

10 Krankenakte Göttingen, S. 69 (Eintrag vom 04.05.1932).

Hildesheim versetzt wurde, verlegte man ihn mit anderer Pflegschaft in die Nähe seiner Berliner Verwandten, in die brandenburgische Landesirrenanstalt Teupitz. Dort hatte er offenbar kaum noch Raum zum Zeichnen. Aber wir erfahren von physischem Niedergang. Am 22. August 1940 wurde Paul Goesch dann im Rahmen der sogenannten Euthanasie von nationalsozialistischen Ärzten im alten Zuchthaus Brandenburg ermordet.

Goesch und Prinzhorn

Vergessen wurde Goesch in der Folge aber nicht nur aufgrund seiner langjährigen Psychiatrisierung in der offiziellen Kunstgeschichte. Man erinnerte sich an ihn auch nicht als Teil einer Geschichte der „Irrenkunst". Warum fiel er durch das Raster der nach dem Ersten Weltkrieg intensivierten Beschäftigung mit dieser Alternative zur offiziellen Kunst, für die heute vor allem der Name Hans Prinzhorn (1886–1933) steht? In dessen Buch *Bildnerei der Geisteskranken* (1922)[11] wird Goesch nicht erwähnt, obgleich 29 Blätter und ein Skizzenbuch von ihm aus der Zeit in Schwetz bereits 1919 in die von dem Kunsthistoriker und Arzt seit diesem Jahr systematisch erweiterte Forschungssammlung der Heidelberger Universitätsklinik kamen.[12] Sicherlich hängt das damit zusammen, dass Goesch seit 1919 auch als freier Künstler in Berlin auftrat. Und wahrscheinlich erfuhr Prinzhorn erst nach Abschluss seines Manuskripts von dessen erneuter Aufnahme in die Psychiatrie im Juli 1921. Die Integration in den Kunstbetrieb der Zeit passte nicht zur Idee des Arztes von einer unverbildeten, rein aus dem Unbewussten schöpfenden „Bildnerei" psychiatrischer Patienten („sie wissen nicht, was sie tun"[13]). Zugleich war er sicherlich darauf bedacht, einer Person der Öffentlichkeit durch seine Publikation nicht zu schaden.

11 Hans Prinzhorn: *Bildnerei der Geisteskranken. Ein Beitrag zur Psychologie und Psychopathologie der Gestaltung*. Berlin: Springer 1922.

12 Die Werke wurden dem Leiter der Psychiatrischen Universitätsklinik, Karl Wilmanns, bei einem Besuch in Göttingen teils geschenkt, teils verkauft, siehe Brief von Wilmanns an Emil Kraepelin, Heidelberg, 08.07.1919. In: Emil Kraepelin: *Kraepelin in München*, Bd. II: 1914–1921, hrsg. v. Wolfgang Burgmaier / Eric J. Engstrom / Matthias M. Weber. München: Belleville 2009, S. 315–321, hier S. 318–319, sowie Historisches Inventar der Bildersammlung, undatiert (vor Juli 1921), „Fall 61", Sammlung Prinzhorn, Heidelberg, Archiv.

13 Prinzhorn: *Bildnerei der Geisteskranken*, S. 343.

Und doch dachte Prinzhorn daran, über Paul Goesch zu publizieren. Am 11. Mai 1925 suchte er ihn deshalb persönlich in der Göttinger Anstalt auf.[14] Er erwog wohl sogar eine Monographie.[15] Aber wahrscheinlich wollte er Goesch auch in eine „weitausholende Arbeit, die die Wirkung von Geisteskrankheiten bei Künstlern, die sich noch gesund entwickelt haben, einwandfrei darstellt"[16], aufnehmen, ein Projekt, das er seit 1926 in Briefen erwähnte.[17] In seinem Überblickswerk wäre es ihm sicherlich auch um Auswirkungen von psychischen Krisen auf die vorgestellten Künstler gegangen. Was er in dieser Hinsicht zu Paul Goesch Werken gesagt hätte, muss offen bleiben.

Pathologische Kunst?

Gibt es Reflexe von Goeschs psychischen Ausnahmeerfahrungen in seinen Zeichnungen und Malereien? Seine Göttinger Ärzte waren davon überzeugt. Das verraten schon solche Einschätzungen, wie: „Zeichnungen, die meist einen ‚sehr modernen' Anstrich haben", oder: „mehr als modern".[18] Außerdem heißt es etwa 1922 in der Krankenakte, der Patient produziere viel „wahl- und kritiklos gute u. schlechte, oft ganz absurde, Zeichnungen u. Malereien".[19] Immerhin notierte der Psychiater Ernst Maschmeyer, der 1926 einen Aufsatz über das Pathologische in Goeschs Œuvre publizierte,[20] in diesem Jahr viele Details zur Entwicklung des Künstlers und sogar Beobachtungen und Auskünfte Goeschs zu 52 seiner Werke, die wichtige Aufschlüsse über deren Hintergründe geben.[21]

14 Hans Prinzhorn an Grete Knipping, im Zug, 11.05.1925. Felsenmeer-Museum, Hemer.

15 So lässt sich eine Anmerkung bei Ernst Maschmeyer: Ein Beitrag zur Kunst der Schizophrenen. In: *Archiv für Psychiatrie und Nervenkrankheiten* 78 (1926), S. 510–521, hier S. 516, deuten.

16 Hans Prinzhorn: Rezension zu Moritz Tramer, Technisches Schaffen Geisteskranker. In: *Deutsche Literaturzeitung* 47 (N. F. 3) (1926), Sp. 1470–1474, hier Sp. 1474.

17 Vgl. Thomas Röske: *Der Arzt als Künstler. Ästhetik und Psychotherapie bei Hans Prinzhorn (1886–1933).* Bielefeld: Aisthesis 1995, S. 184.

18 Krankenakte Göttingen, S. 14 (Eintrag vom 05.08.1921) u. S. 16 (Eintrag vom 29.08.1921).

19 Ebd., S. 19–20 (Eintrag vom April 1922).

20 Maschmeyer: Ein Beitrag zur Kunst der Schizophrenen.

21 Krankenakte Göttingen, S. 42–58 (Eintrag vom 12.3.1926).

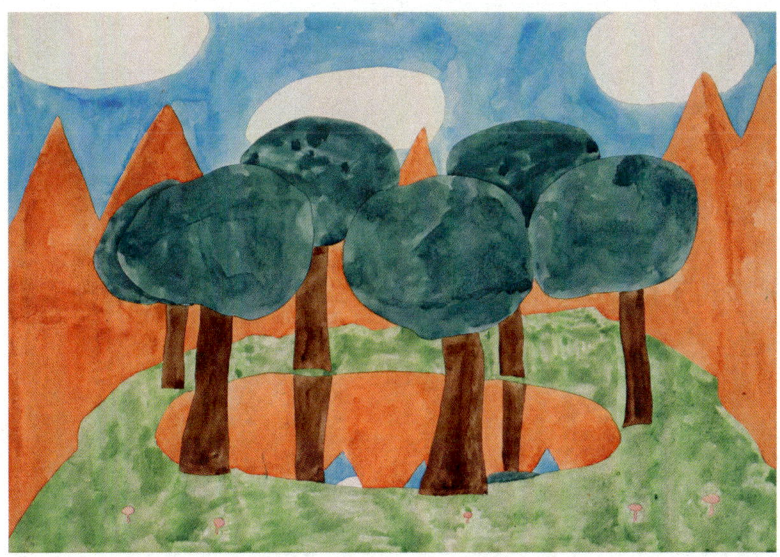

Abb. 5: Paul Goesch: *Gebirgssee*, o. J.
Gouache und Deckweiß über Bleistift auf Karton, 25,2 x 36,4 cm.

Aus heutiger Sicht überzeugt die diagnostische Verwertung seiner Werke allerdings nicht, wie überhaupt die Suche nach „Merkmalen schizophrener Bildnerei" fragwürdig ist.[22] Goeschs Werke zeigen, soweit sich das bei der nur selten sicheren Datierung von Blättern feststellen lässt, über die oben erwähnten Züge hinaus keine stilistischen oder inhaltlichen Veränderungen. Stilistisch passen sie in jene deutsche Avantgarde, die als Expressionismus der zweiten Generation bezeichnet worden ist. Die flächige, farbkräftige Malerei, das schlanke Figurenideal entsprechen der damaligen Begeisterung für den „Geist der Gotik", ebenso seine religiösen Bildthemen.[23] Im Interview mit Maschmeyer gab der Künstler zwar an, er habe die Prinzessin zu Bentheim häufig,

22 Helmut Rennert: *Die Merkmale schizophrener Bildnerei*. Jena: VEB Gustav Fischer 1966. Siehe dazu Thomas Röske: Zwischen Krankheitssymptom und Kunst. Werke von Psychiatrie-Erfahrenen. In: Stavros Mentzos / Alois Münch (Hrsg.): *Das Schöpferische in der Psychose*. Göttingen: Vandenhoeck & Ruprecht 2012, S. 107–126.

23 Stephanie Barron: Der Ruf nach einer neuen Gesellschaft. Einführung. In: Dies. (Hrsg.): *Expressionismus. Die zweite Generation 1915–1925*. Ausstellungskatalog Kunstmuseum Düsseldorf / Staatliche Galerie Moritzburg Halle. München: Prestel 1989, S. 11–41, hier S. 31–35.

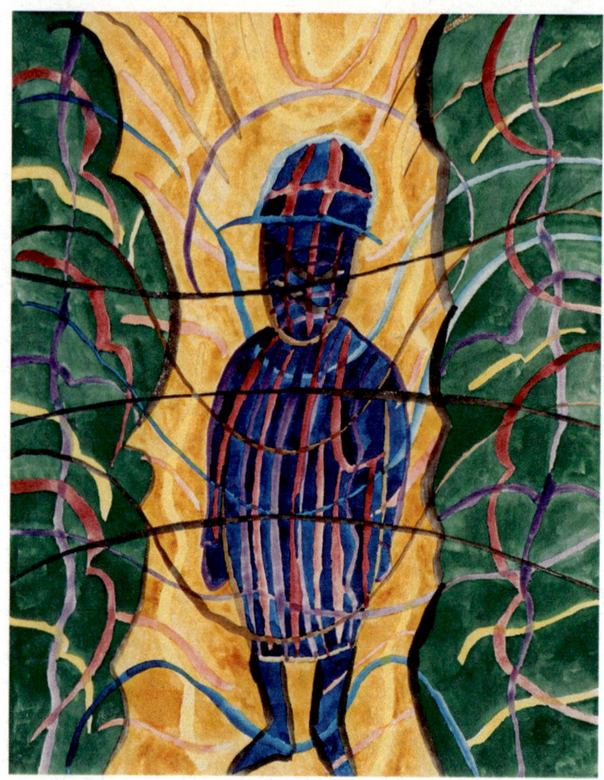

Abb. 6: Paul Goesch: *Heißer Sommerabend*, 18.02.1921. Gouache auf Papier, 20,7 x 16,3 cm.

„wenn er eine weibl. Figur malte, [...] als Modell aus s[einer] Erinnerung genommen" und auch in Gestalt der Madonna in Göttingen immer wieder gemalt.[24] Aber einem weiblichen Idealbild haben auch Künstler verschiedener Zeiten in ihren Werken nachgestrebt, wie etwa Sandro Botticelli oder Anselm Feuerbach. Zugleich bestritt Goesch schon 1922 auf Nachfragen, dass irgendwelche seiner Bilder „Auswirkung von Hallucinationen seien. Früher sei das öfters wohl vorgekommen, jetzt aber schon lange nicht mehr".[25]

Stattdessen sollte eine andere Motivation für manche Werke Goeschs nicht aus den Augen verloren werden. Mit den Kindern seiner

24 Krankenakte Göttingen, S. 40 u. 42 (Eintrag vom 12.03.1926).

25 Ebd., S. 20 (Eintrag vom 12.04.1922).

Schwester und seines Schwagers spielte er nicht nur immer wieder, er malte auch für sie. Manche seiner Gestaltungen, die durch ihre Vereinfachung auffallen und an Kinderbuchillustrationen erinnern (Abb. 5), mögen also tatsächlich in einem ähnlichen Sinne gemeint sein. Und schließlich ist bei der Interpretation der Werke Goeschs die durch den Bruder Heinrich vermittelte Auseinandersetzung mit Theosophie und Anthroposophie in Betracht zu ziehen, für die bereits die Raumausmalung 1908 mit buddhistischen Motiven als erster Beleg gelten kann. Manch rätselhafte Bildfindung hängt offenbar mit entsprechenden Vorstellungen zusammen, wenn der Künstler etwa mit Linien Auren andeutet. (Abb. 6)

Goeschs Stellung im Expressionismus

Auch die pathologische Wertung des „wahl- und kritiklos[en]“[26] Vorgehens von Goesch ist eine Verkennung seiner Absicht, wie seine Texte im *Frühlicht*, betitelt als „Aphorismen“, „Anregungen“ und „Kunstbetrachtungen“, belegen.[27] Sie kreisen bei bildender Kunst um die Idee eines Gestaltens aus dem Unbewussten, die Goesch mit dem Expressionismus identifiziert. Er plädierte dafür, in Malerei und Zeichnung nicht mehr im Sinne des Impressionismus den Augeneindruck möglichst „richtig“ nachzugestalten, sondern sich bei dessen Umsetzung einer „unbefangene[n] Stimmung“ zu überlassen. Er dachte an eine „schnelle Arbeitsweise“, aber mit „seelische[r] Vertiefung“.[28] „Verzeichnen“ sei dabei kein Mangel, sondern werde von den „Kräften“ gelenkt, die „zum Symbolschaffen befähigen“.

26 Krankenakte Göttingen, S. 19 (Eintrag vom April 1922).

27 Paul Goesch: Architektonische Aphorismen. In: Bruno Taut: *Frühlicht 1920–1922. Eine Folge für die Verwirklichung des neuen Baugedankens*, hrsg. v. Ulrich Conrads. Basel: Birkhäuser 1963, S. 24–29 (zuerst abgedruckt in: *Frühlicht* 5. In: *Stadtbaukunst alter und neuer Zeit* 1,5 (März 1920), S. 79–80), hier S. 24, 26, siehe auch Anm. 28, 29.

28 Paul Goesch (Tancred): Anregungen. In: Iain Boyd Whyte / Romana Schneider (Hrsg.): *Die gläserne Kette. Briefe von Bruno Taut und Hermann Finsterlin, Hans und Wassili Luckhardt, Wenzel August Hablik und Hans Scharoun, Otto Gröne, Hans Hansen, Paul Goesch und Alfred Brust.* Ostfildern-Ruit: Hatje 1996, S. 79–84, hier S. 80 u. 81; auch abgedruckt in: *Frühlicht* 12 u. 14. In: *Stadtbaukunst alter und neuer Zeit* 1,12 (1920), S. 191–192, u. 1,14 (1920), S. 220–221.

> Geht man liebevoll auf die Verzeichnungen ein, die einem sozusagen „von selbst" kommen, so entdeckt man in sich ein Schaffensvermögen, welches uns das sichtbar macht, was wir eigentlich innerlich (im Unter- oder Überbewußten) von den Dingen verlangen und wie sie zu uns sprechen sollen.[29]

Das klingt eigenwillig, hat aber Parallelen in Äußerungen anderer Expressionisten, man denke etwa an das Programm der Brücke von 1905: „Jeder gehört zu uns, der unmittelbar und unverfälscht das wiedergibt, was ihn zum Schaffen drängt".[30]

Doch Goesch war in seiner Berliner Zeit nicht nur mit seiner Kunst und seinen theoretischen Äußerungen akzeptierter Teil der Avantgarde. Zeitgenössische Kunstkritiker reagierten auch auf seine psychischen Ausnahmeerfahrungen positiv,[31] und zwar ganz im Sinne der Identifikation mit bestimmten Aspekten des Wahnsinnigen im Expressionismus.[32] Vor allem sahen sie darin einen Garanten für besondere Originalität und Authentizität. So schrieb Adolf Behne 1920 über Goesch im *Cicerone*: „Er erlebte eine schwere innerste Verwandlung – Krankheit, Aufwühlung, Entsagung und wurde Künstler – in einer Neugeburt."[33] Durch diese Läuterung finde sich in keinem seiner Blätter „irgendein Zwang – willenlos selbstverständlich ist alles, weil eine tiefe Besinnung des Menschen alles aufgehoben hat, was an Konvention vielleicht gewesen ist."[34] Einen positiven Ausnahmestatus attestierte Goesch 1921 auch Paul Westheim im *Kunstblatt*:

29 Paul Goesch (Tancred): Allgemeine Kunstbetrachtungen. In: Whyte / Schneider: *Die gläserne Kette*, S. 57–58, hier S. 57; auch abgedruckt in: *Frühlicht* 10. In: *Stadtbaukunst alter und neuer Zeit* 1,10 (1920), S. 158–159.

30 Zit. n. Magdalena M. Moeller (Hrsg.): *Dokumente der Künstlergruppe Brücke*. München: Hirmer 2007, S. 42.

31 Zur kunstkritischen Beurteilung Goeschs siehe Annabel Ruckdeschel: Paul Goesch aus der Sicht von Psychiatrie und Kunstkritik. In: Röske (Hrsg.): *Paul Goesch*, S. 42–53.

32 Siehe Herwig Guratzsch (Hrsg.): *Expressionismus und Wahnsinn*. Ausstellungskatalog Schleswig-Holsteinische Landesmuseen, Schloß Gottorf. München: Prestel 2003; siehe außerdem Thomas Röske: „Eine Bewegung von übermenschlicher Wucht". Ausnahmeerfahrungen in expressionistischer Kunstgeschichtsschreibung. In: Ulrich Pfisterer / Anja Zimmermann (Hrsg.): *Animationen / Transgressionen. Das Kunstwerk als Lebewesen*. Berlin: Akademie 2005, S. 229–245.

33 Adolf Behne: Werkstattbesuche: III. Paul Goesch. In: *Der Cicerone. Halbmonatsschrift für Künstler, Kunstfreunde und Sammler* 12 (1920), S. 150–154, hier S. 150.

34 Ebd., S. 152.

> Was ist er, wo steht er für uns? Maler? Architekt? Künstler? Eigentlich nichts von alledem. Er ist in keiner Kategorie unterzubringen [...]. Vielleicht einer, dem das alles [das Rationale] entweicht als der lemurenhafte Spuk [...], der begabt – oder verdammt – ist zu schauen. [...] Er konnte im Leben, in einer von uns Normalen zurechtgemachten Ordnung nicht verwurzeln[.][35]

So wurde also Goesch jener Zugang zu einer rein unbewussten Ebene explizit zugesprochen, den Prinzhorn ihm mit dem Verschweigen in seinem Buch implizit verweigert hatte. Während der Arzt das mit psychischer Ausnahmeerfahrung vermeintlich verknüpfte künstlerisch Neue radikal auch von der zeitgenössischen Kunst abzusetzen suchte, sah die zeitgleiche Kunstkritik durchaus einen Platz dafür im Expressionismus. Dieser historische Dissens am Beginn der Beschäftigung mit Kunst und Wahnsinn verdient nicht zuletzt angesichts der aktuellen Debatte um „Inklusion" sogenannter Outsider Art in den Kunstbetrieb erneute Beachtung.

35 Paul Westheim: Paul Goesch. In: *Das Kunstblatt* 5 (1921), S. 264–269, hier S. 264–265.

Fritz Schaefler – Im Garten der Irrsinnigen

Christiane Schmidt

Wo, wenn nicht im expressionistischen Umfeld, erwarten wir in der Kunst des 20. Jahrhunderts die Darstellung von Wahnsinn oder Irrsinn?[1] Wer wäre angesichts der Zeitläufe prädestinierter als die ExpressionistInnen, dieses Spektrum von Zuständen und Gefühlen abzubilden?[2]

Der Erste Weltkrieg setzte eine massive gesellschaftliche und künstlerische Zäsur. Eindrückliche Zeugnisse dieser Umbruchszeit sind die graphischen Zyklen zahlreicher Künstler zu Krieg und Tod.[3] Sie zeigen kollektives und individuelles Leiden und fordern ein neues, sozialeres Miteinander. In diesen Kontext gehört ebenfalls die Auseinandersetzung mit Menschen am Rande der Gesellschaft. Dort ist gemeinhin auch der psychisch Kranke verortet. Er ist ein Unverstandener. Für ihn gelten gesellschaftliche Normen und Werte nicht. Der ‚Irre' kann so auch zum Verkünder neuer Wahrheiten werden.[4]

Expressionistische Irrsinns-Darstellungen

Auch expressionistische KünstlerInnen übernahmen identifikatorisch diese Rolle. Neben ihrem individuellen Leiden prangerten sie ebenso das Leiden an der Welt an. Von Erich Heckel existieren aus den Jahren 1914 und 1916 einige Werke mit dem Thema des Irren, die von Verstörung,

1 Die Begriffe ‚Irrer' oder ‚Irrsinniger' sind keinesfalls diskriminierend gemeint, sondern folgen dem Terminus der Zeit.

2 Grundlegend zum Thema siehe Herwig Guratzsch (Hrsg.): *Expressionismus und Wahnsinn*. Ausstellungskatalog Stiftung Schleswig-Holsteinische Landesmuseen Schloss Gottorf. München: Prestel 2003; hier vor allem den Beitrag von Susanne Augat: Das Bild des Irren im Expressionismus, S. 16–32.

3 Als Beispiele für Mappenwerke seien genannt: Willy Jaeckel: *Memento 1914/15* (1915); Otto Dix: *Der Schützengraben* (1915–18) und vor allem *Der Krieg* (1924); Erich Heckel: *Peter Schlemihls wundersame Geschichte* (1915); Adolf Uzarski: *Der Totentanz* (1916–17); Max Slevogt: *Gesichte* (1917); Karl Schmidt-Rottluff: *Neun Holzschnitte (Kristus)* (1918); Max Pechstein: *Somme 1916* (1919); Max Beckmann: *Hölle* (1919); Constantin von Mitschke-Collande: *Der begeisterte Weg* (1919); George Grosz: *Gott mit uns* (1920); Käthe Kollwitz: *Sieben Holzschnitte zum Krieg* (1924).

4 In der expressionistischen Literatur ist das Stichwort hierfür ‚Ich-Zerfall'.

Isolation und einsamem Hinvegetieren zeugen.[5] Max Beckmann, der seit dem Frühjahr 1915 mit Erich Heckel als Sanitätssoldat in Flandern stationiert war, wurde im Herbst 1915 mit einem Nervenzusammenbruch aus dem Militärdienst entlassen. Die Realität hatte ihn eingeholt, nachdem er im Frühjahr 1915 noch begeistert an seine Frau geschrieben hatte: „Für mich ist der Krieg ein Wunder. Wenn auch ein ziemlich unbequemes. Meine Kunst kriegt hier zu fressen."[6] In der Mappe *Gesichter* von 1918 gibt es eine Radierung mit dem Titel *Irrenhaus*.[7] Die Insassen bilden verschiedene Typen des Irrsinns ab. Beckmann deutet damit an: Es kann jeden treffen! Die Welt ist ein Irrenhaus. Es gibt keine Vernunft mehr und auch keine Freiheit. Auch Otto Dix zeigt in der Mappe *Der Krieg* aus dem Jahr 1924 Irrsinnige als Opfer des Krieges. Sie spiegeln zwei Gefühlsextreme, die man den ‚Irren' zuschrieb: nach außen getragene starke Emotionen und innerweltliche Starre.[8] Die Zustände in vielen psychiatrischen Anstalten müssen während des Krieges katastrophal gewesen sein, da man sie zusätzlich als Lazarette nutzte. Neben Soldaten, die Kopf- und Hirnverletzungen erlitten hatten (der Stahlhelm wurde erst 1916 eingeführt), wurden dort auch zahlreiche traumatisierte Soldaten mit der Diagnose Kriegspsychose oder Kriegsneurose behandelt. Conrad Felixmüller wurde als Pazifist und Kriegsdienstverweigerer 1917 zu einem vierwöchigen Dienst in der Heil und Pflegeanstalt Arnsdorf bei Dresden verpflichtet. Auf zwei Lithographien stellte er 1918 einen Soldaten dar, der sich für sein Vaterland geopfert hat und in der geschlossenen Abteilung gelandet ist.

5 Mindestens seit 1914 sind Einladungen an Künstler zu Studien-Besuchen von psychiatrischen Anstalten belegt. Man erhoffte sich dadurch eine Aufbesserung des Rufs solcher Einrichtungen. Zwischen 1890 und 1910 waren 80 neue Anstalten gebaut worden, da immer mehr betroffene Menschen nicht mehr zu Hause gepflegt und versorgt werden konnten. Die Akzeptanz dieser Anstalten bei der Bevölkerung war nicht groß. Siehe Thomas Röske: Expressionismus und Psychiatrie. In: Guratzsch (Hrsg.): *Expressionismus und Wahnsinn*, S. 12–15, hier S. 13–14. Erich Heckel besuchte 1914 die Heil- und Pflegeanstalt Schöneberg. Siehe Augat: Das Bild des Irren im Expressionismus, S. 20.

6 Max Beckmann an seine Frau Minna Tube, 18.04.1915. In: Max Beckmann: *Briefe im Kriege 1914/1915*. München: Langen Müller 1955, S. 38.

7 Max Beckmann: *Irrenhaus*, 1918, Kaltnadelradierung, aus der Mappe *Gesichter*, 1918.

8 Otto Dix: Mappe *Der Krieg*, 1924, 50 Radierungen, hrsg. v. Karl Nierendorf; hier *Mahlzeit in der Sappe*, *Nächtliche Begegnung mit einem Irrsinnigen* und *Die Irrsinnige von St. Marie à Py*.

Halt suchend klammert er sich an die Gitterstäbe seiner Zelle.[9] Auch Ernst Ludwig Kirchner, Christian Schad, Heinrich Ehmsen oder Alfred Kubin haben in Irrenanstalten Motive gesucht und gefunden. Teilweise waren sie selbst psychischen Zusammenbrüchen ausgesetzt und verbrachten Zeit in Sanatorien.[10]
Die vorgestellten Künstler eint die Angst vor dem Irrsinn, die jedoch eher einer temporär empfundenen psychischen Bedrohung entspringt.

Irrsinnsdarstellungen bei Fritz Schaefler

Im Gegensatz dazu steht die Bildwelt des Expressionisten Fritz Schaefler als konkret *körperlich Betroffenem*.[11] Fritz Schaefler (1888–1954) gehört zur sogenannten Zweiten Generation der Expressionisten, die erst um den bzw. nach dem Ersten Weltkrieg begannen, expressionistisch zu arbeiten, und deren Themen entsprechend gesellschaftspolitisch geprägt waren.[12] 1914 erfolgte Schaeflers Einberufung an die

9 Conrad Felixmüller: *Soldat im Irrenhaus*, 1918, Farblithographie (Söhn / Felixmüller 150); ders.: *Soldat im Irrenhaus II*, 1918, Lithographie (Söhn / Felixmüller 150A). Hier ist der Soldat wohl als Selbstporträt zu sehen.

10 Eine künstlerische Umsetzung ist das ikonische *Selbstbildnis als Soldat* von Ernst Ludwig Kirchner, auf dem er dem Betrachter den abgehackten Stumpf seiner Malhand entgegenstreckt (1915, Öl auf Leinwand (Gordon 435), Allan Memorial Art Museum, Oberlin, Ohio).

11 Zu Fritz Schaefler allgemein siehe v.a. Renate Puvogel (Hrsg.): *Fritz Schaefler (1888–1954). Ein unbekannter Expressionist.* Ausstellungskatalog. Aachen: Suermondt-Ludwig-Museum/Museumsverein Aachen 1983; Vera Thiel (Hrsg.): *Fritz Schaefler 1888–1954. Im Spannungsfeld des Expressionismus. Malerei und Grafik.* Ausstellungskatalog Deutsches Klingenmuseum Solingen. Wuppertal: Müller & Busmann 1996 [mit Werkverzeichnis]; zu Schaeflers Irrsinns-Darstellungen: Christiane Schmidt: *Fritz Schaefler (1888–1954): Expressionistische Arbeiten der Jahre 1918 bis 1919 in München.* München: Utz 2008; Christiane Schmidt: Von Qualen und Verspottung – Arbeiten des Expressionisten Fritz Schaefler in der Graphischen Sammlung des Clemens-Sels-Museum Neuss. In: *Novaesium. Neusser Jahrbuch für Kunst, Kultur und Geschichte* (2005), S. 123–136.

12 Schaefler absolvierte von 1905 an eine künstlerische Ausbildung, vor allem an der Kunstakademie in München. 1918/19 beteiligte er sich intensiv am kulturpolitischen Leben in München, das seit November 1918 durch die Revolution und die anschließende Räterepublik geprägt war. Er war Mitglied im Aktionsausschuß revolutionärer Künstler und verantwortete die Schriftleitung für bildende Kunst der Zeitschrift *Der Weg*, 1919 die wohl bedeutendste Kulturzeitschrift Bayerns. Bis in die zwanziger Jahre gestaltete er für verschiedene Münchner Theater Bühnenbilder und Kostüme. In den 1920er Jahren wandelte sich sein Stil zu einem gemäßigten starkfarbigen Naturalismus. 1927 ging Schaefler nach Köln und arbeitete bis zu seinem Tod 1954 verstärkt

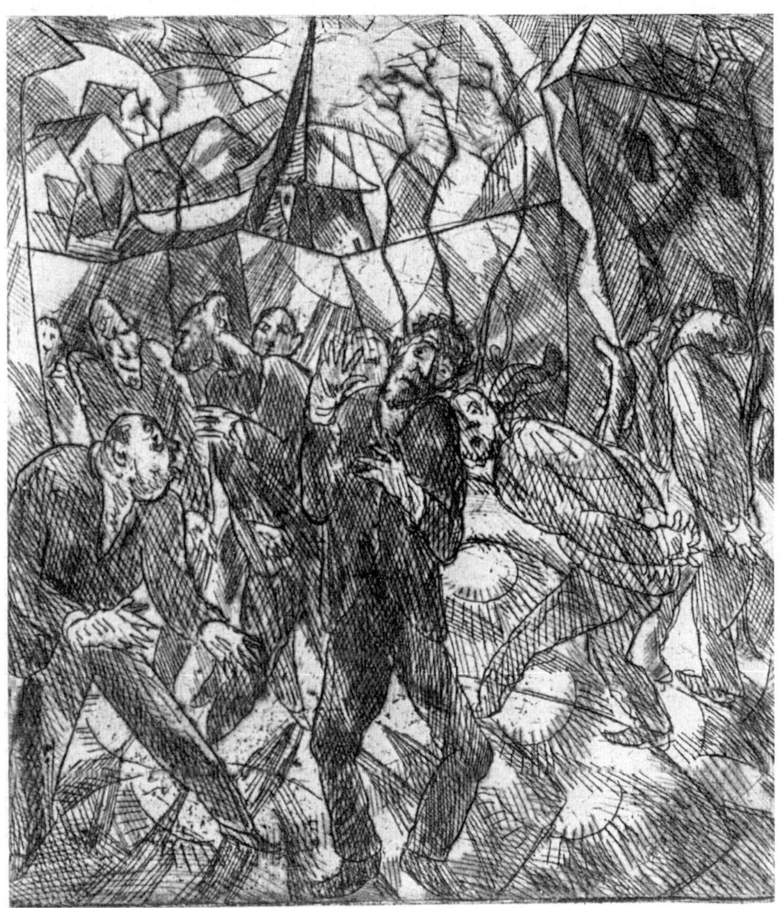

Abb. 1: Fritz Schaefler: *Garten der Irrsinnigen I*, 1918, Radierung, 18,4 x 16,2 cm (Thiel 605).

Westfront. An der berüchtigten Somme-Front in Frankreich wurde er im Herbst 1916 durch einen Kopfschuss schwer verwundet. Die langwierige Heilung und die ungewisse Aussicht auf die Zukunft erzeugten bei ihm existentielle Ängste vor dem Wahnsinn und vor einem Dasein

auch in den Bereichen der Baukunst mit Wand- und Glasmalereien für Kirchen und Profanbauten. Seine expressiven Arbeiten galten im Nationalsozialismus als ‚entartet'. Schaefler beschäftigte sich zeitlebens mit Farbtheorien, seine späte Malerei ist vor allem von ungegenständlichen Farbversuchen geprägt.

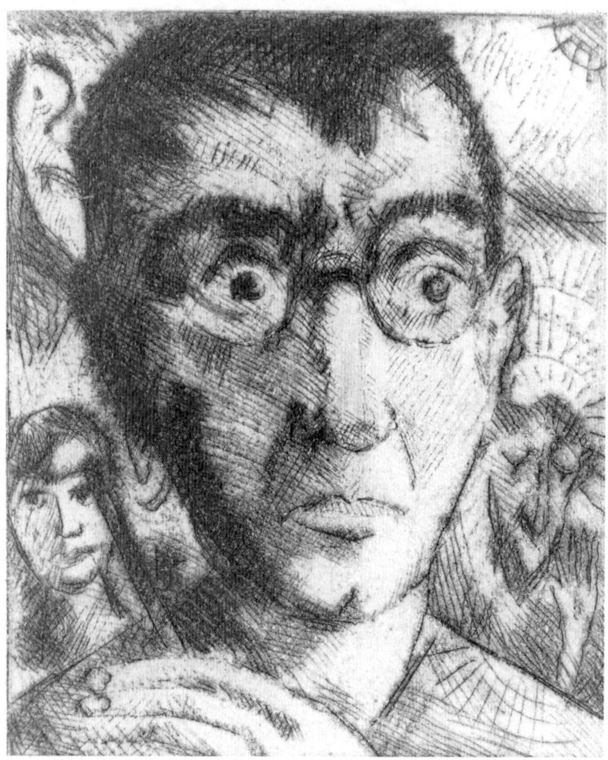

Abb. 2: Fritz Schaefler: *Selbstbildnis I*, 1918, Radierung, 11 x 9,5 cm (Thiel 590).

als „Krüppel".[13] Wäre Schaefler auf konventionellem Weg behandelt worden, hätte man ihm zur Wundabdeckung eine Silberplatte in die Stirn eingesetzt. Dabei hätten durch die Silbermischung Stromfrequenzen entstehen können, da Silber der stärkste elektrische Stromleiter ist. Sein Arzt im Hirnverletzten-Lazarett verzichtete darauf, stattdessen wurde die Wunde mit mehreren Hautschichten abgedeckt.[14] Fritz Schaefler blieb so eine häufig als Nebenwirkung der Behandlung auftretende Schizophrenie erspart.

13 Diesen Begriff tragen Arbeiten aus der Zeit.

14 Schaeflers Enkel erinnert sich an eine Stelle an der Schläfe, die pulsierte und sich nach außen ausbeulte, wenn sein Großvater über etwas sprach, das ihn erregte (Gespräch mit der Autorin, 2015).

Im Jahr 1918 entstanden knapp ein Dutzend Blätter, in denen Schaefler sich mit den Facetten des Irrsinns auseinandersetzte und seine diesbezüglichen Ängste als vielleicht lebenslänglich körperlich und geistig gezeichneter ‚Wahnsinniger' aufarbeitete. Man kann formal nicht von einer Folge sprechen, aber die Darstellungen gehören inhaltlich zusammen. Sie sind in ihrer Fülle und Aussagekraft einzigartig. Ein Hauptwerk ist die Radierung *Garten der Irrsinnigen I.*[15] (Abb. 1) Die Szene zeigt einen Garten, der von einer hohen Mauer abgeschlossen ist und mit dem großen Turm am rechten Bildrand einem Gefängnis gleicht. Die Welt befindet sich dahinter. Dieser Garten ist die Umkehrung des ‚Hortus conclusus' der christlichen Ikonographie. Hier sitzt Maria mit dem Jesuskind auf einer mit Blumen übersäten Wiese inmitten eines von Mauern oder Hecken geschützten Gartens – ein Symbol für Geborgenheit und Sündlosigkeit. Auf der Radierung hingegen bewegen sich in der vorderen Bildebene Männer um eine Hauptperson herum und starren sie an, andere sind mit sich selbst oder miteinander beschäftigt. Die Menschen an diesem Ort scheinen dumpf und auf sich gestellt umher zu irren. Sie sind ihrer Lebenssituation ausgeliefert. Im Vergleich mit dem ebenfalls 1918 entstandenen *Selbstbildnis I* sieht man, dass die Hauptfigur selbstbildnishafte Züge aufweist. (Abb. 2) In ihrer Haltung zeigt sie alle Anzeichen einer verängstigten und ihrer Krankheit ausgelieferten Person. Sie schaut den Betrachter mit weit aufgerissenen Augen an und bindet ihn so in ihr Schicksal ein. Die nach oben weisende Hand bildet eine Bildachse mit der Sonne und der Kirchturmspitze. Schicksal, Hoffnung und Glaube werden miteinander verknüpft. Schaefler verwendete hier Formprinzipien des Futurismus: Kubische Halbkreis-, Drei- und Viereckformen werden miteinander verschränkt. Dadurch entstehen Kraftfelder und prismatische Formen, die die Atmosphäre verdichten. Die Formzersplitterung steht hier für die Zersplitterung der Welt. Zwei weitere Blätter zeigen ‚Irre im Garten'. In der Formensprache sind sie gemäßigter, aber sie lösen nicht weniger Unbehagen aus.[16] (Abb. 3) Auf der aquarellierten Federzeichnung *Qualen des Krüppel* (Abb. 4) ist ein Mann zu sehen, der wiederum als Selbstporträt

15 Leider existieren keine schriftlichen Äußerungen Schaeflers aus dieser Zeit, deshalb ist ungewiss, ob Schaefler diesen Garten imaginierte oder ob er ihn tatsächlich im Lazarett gesehen hat.

16 *Garten der Irrsinnigen II*, 1919, Radierung (Abb. 3); *Garten der Irren*, o. J., aquarellierte Tuschzeichnung (nicht in Thiel).

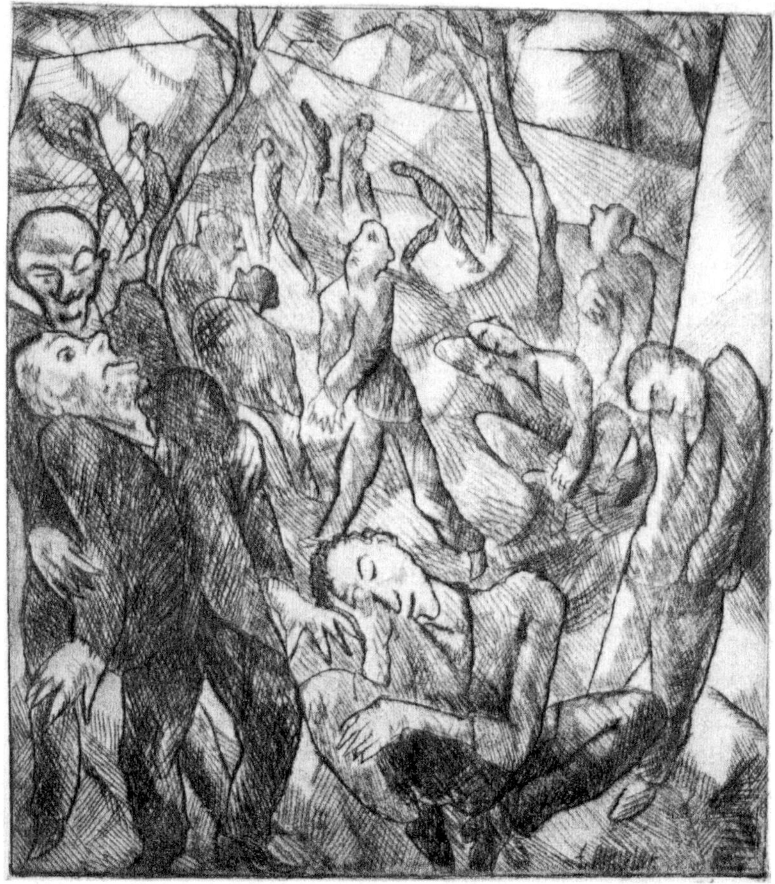

Abb. 3: Fritz Schaefler: *Garten der Irrsinnigen II*, 1918, Radierung, 18 x 16,5 cm (Thiel 631).

des Künstlers anzusehen ist. Mit beiden Armen greift er nach rechts in Richtung einer nackten Frau. Diese bleibt für ihn jedoch unerreichbar. Ihre Gesichtszüge sind gelöscht, ebenso wie diejenigen des weiblichen Akts am linken Bildrand. Rechts umarmt sich ein Liebespaar, auf dem Boden liegt ein nacktes Kind, welches die Frau mit ihrem linken Arm berührt. Der Krüppel scheint wie vor einer gläsernen Wand zu stehen, die ihn vom Leben trennt. Er ist in großer Not. Das Albtraumhafte der Szene wird farblich durch die kalte blaue Kolorierung unterstützt sowie durch die Unterscheidung zwischen einem beschatteten Bereich,

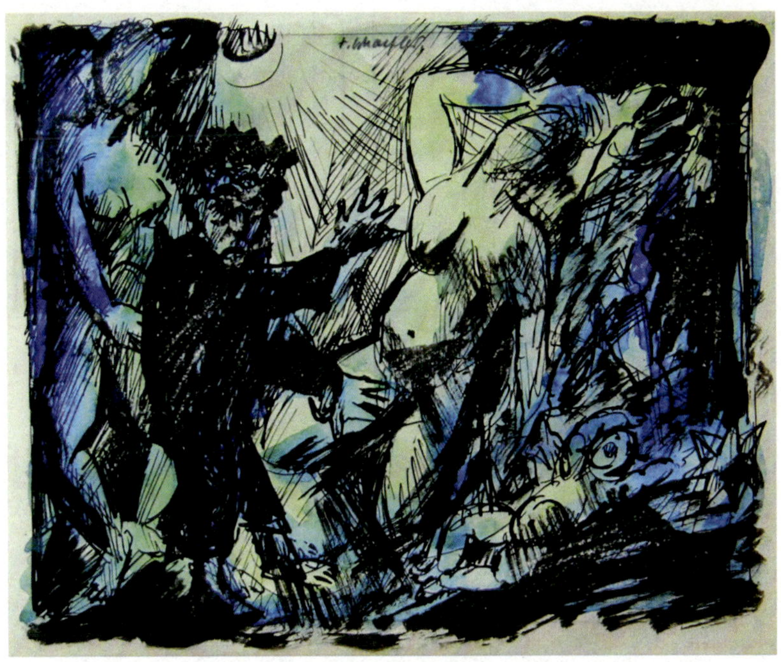

Abb. 4: Fritz Schaefler: *Qualen des Krüppel*,
o. J., Feder und Tusche in schwarz über Aquarell, 20 x 24,3 cm.

in dem der Krüppel steht, und einem von der Sonne beschienenen, in dem sich die nackte Frau darbietet. Der großflächige Einsatz von Tusche und dichte Schraffuren verdüstern die Szene zusätzlich. Zwei Radierungen tragen nahezu gleichlautende Titel und treffen die gleiche Aussage.[17] Während bei der Federzeichnung der Bezug zu den ‚Qualen eines Krüppels' durch die selbstbildnishaften Züge ein sehr persönlicher ist und auf Schaeflers Angst vor einer Veränderung seines Liebes- bzw. Ehelebens durch die Kopfverletzung anspielt, anonymisierte Schaefler die Hauptperson auf den Radierungen und fokussierte die Aussage auf den universellen Wunsch des Menschen nach Liebe.

Fünf weitere Radierungen zeigen Szenen aus dem Irrenhaus, schon die Titel sprechen für sich: *Aus einem Irrenhaus: Verzweiflung, Schrecken*

17 *Qualen der Krüppel*, auch bezeichnet als *Der unglückliche Liebhaber*, 1918, Radierung (Thiel 615); *Qualen des Krüppels*, 1918, Radierung (nicht in Thiel).

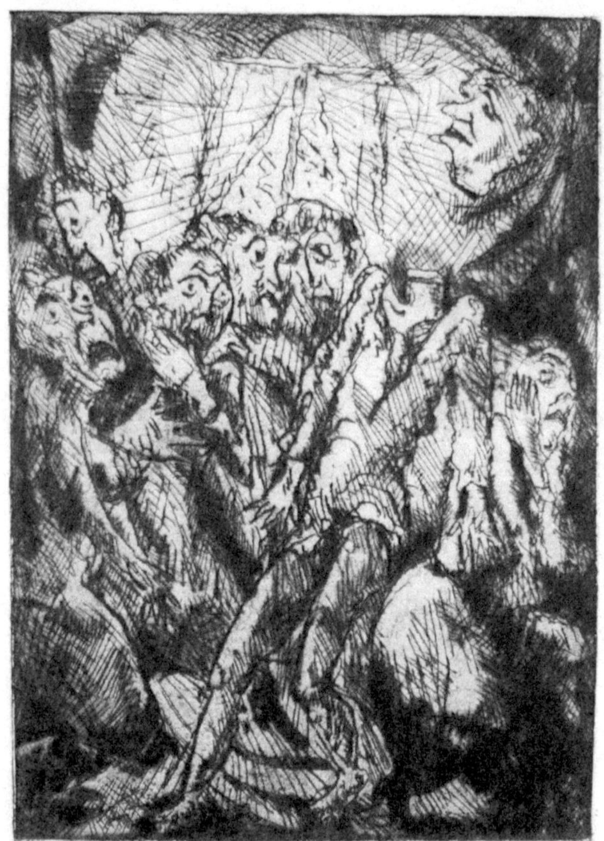

Abb. 5: Fritz Schaefler: *Schrecken im Irrenhaus*, 1918, Radierung, 21 x 15 cm (Thiel 584).

im Irrenhaus (Abb. 5), *Gewalttat, Erlösung, Versammlung*.[18] Eine Person steht jeweils im Mittelpunkt, von der Menge umgeben. Manche Gesichter gleichen Masken oder Fratzen, die Körper sind teilweise entstellt. Durch eng gestaffelte Figurenkonstellationen wird eine klaustrophobische Stimmung erzeugt. Das dunkle Kolorit der Radierungen unterstützt diese. Formal sind den Blättern eine unscharfe Gliederung der Figuren, eine verkürzte Darstellung und ein nervöser Strich gemein.

18 *Aus einem Irrenhaus: Verzweiflung*, 1918, Radierung, 1918 (Thiel 606); *Schrecken im Irrenhaus*, 1918, Radierung (Abb. 5); *Gewalttat*, 1918, Radierung (Thiel 591); *Erlösung*, 1918, Radierung (Thiel 596); *Aus einem Irrenhaus: Versammlung*, 1918, Radierung (Thiel 602).

Schaefler scheint zügig und mit größter innerer Beteiligung an diesen Szenen gearbeitet zu haben. Das hier präsentierte Menschenbild entspricht den Kategorien apokalyptischen Erlebens, die Max Peter Maass aufgestellt hat:[19]

1. deformierte körperliche Gestalt
2. deformierte seelisch-geistige Gestalt
3. gerichtete (im Extremfall auch ausgelöschte, nicht mehr existente) Gestalt
4. erlöste Gestalt.

Selbstbildnisse

Aber nicht nur die Blätter aus dem Jahr 1918, die explizit Irrsinnige darstellen, gehören in diesen Werkkomplex Schaeflers, sondern auch die in dieser Zeit geschaffenen Selbstbildnisse. Sie sind Ausdruck von Selbstreflektion und Bestandsaufnahme. Auf dem bereits erwähnten frontalen *Selbstbildnis I* (Abb. 2) sieht man Schaeflers Verletzung an der Stirn. In der Hand hält er einen (Radier)Stift. Im Hintergrund links befindet sich ein Porträt seiner Frau Vera.[20] Rechts sieht man einen Jesuskopf mit zum Segen erhobener Hand, umgeben von einem Heiligenschein. Oben links grinst eine Fratze. Schaefler zeigt sich hier genesend, fragend, ängstlich, aber auch arbeitend. Er verweist auf seine Frau, die in seinem Leben sehr präsent ist. Er verbildlicht die Dämonen, die ihn quälen. Aber er sieht auch eine Zukunft, die durch die leuchtende Sonne oben rechts symbolisiert wird. Mit der Anwesenheit Jesus hinterfragt Schaefler auch Gott und sein Tun. Das *Selbstbildnis III* (Abb. 6), ebenfalls aus dem Jahr 1918, zeigt den Künstler mit noch nicht nachgewachsenem Haar. Gestik und Mimik drücken Zweifel aus. Die Hand am Kopf deutet die Verletzung an, in ihrer Haltung entspricht sie auch dem gängigen Melancholiegestus. Rechts ist eine Kreuzigungsszene eingefügt. Sie impliziert nicht nur das Leiden, sondern auch die Auferstehung Jesu und den damit verbundenen Heilsaspekt für die Menschen. Über dem Kreuz strahlt eine kleine Sonne Hoffnung aus.

19 Max Peter Maass: *Das Apokalyptische in der modernen Kunst. Endzeit oder Neuzeit. Versuch einer Deutung.* München: Bruckmann 1965, S. 217.

20 Die Radierung *Vera*, 1918 (Thiel 600), bildet das Pendant, indem dort an gleicher Stelle das Porträt von Fritz erscheint.

Kreuzigungssymbolik

Die Passion Christi ist ein wichtiges Motiv im Schaffen des katholisch geprägten Schaefler. In der Bewältigung der Kriegserlebnisse schuf er über 50 Blätter zu religiösen Themen.[21] Damit befand er sich innerhalb der expressionistischen Gemeinde in guter Gesellschaft. Denn trotz der nur noch marginalen Bedeutung der religiösen Kunst zu Anfang des 20. Jahrhunderts waren die biblischen Geschichten und Symbole nach wie vor vertraute Chiffren für die Darstellung eines geistigen oder seelischen Zustands. Einige religiöse Motive wurden im Expressionismus besonders häufig dargestellt und mit geistes- wie gesellschaftsrelevanten Aussagen bedeutungshaft verknüpft. Am vordringlichsten war die Passionsdarstellung als ein Paradigma menschlicher Existenz im Widerstreit zwischen Leiden und der Hoffnung auf Erlösung. Bezeichnend ist, dass die Passion vor dem Ersten Weltkrieg nur vereinzelt thematisiert wurde. Die Apokalypse diente verschlüsselt als Bild für die damalige Endzeitstimmung, den Zusammenbruch der wilhelminischen Ära, das Drama des Weltkriegs, aber auch für Zukunftshoffnungen auf eine geläuterte Welt bzw. den (geistig) gewandelten Menschen.

1918 publizierte Conrad Felixmüller neben den bereits erwähnten Lithographien *Soldat im Irrenhaus* auch den Text „Militär-Krankenwärter Felixmüller XI Arnsdorf". Er träumt darin, er sei ein Verwundeter in einem Lazarettzug und sein Bein sei amputiert worden. Felixmüller verknüpft hier u. a. die Irrsinnsthematik mit der Kreuzigungssymbolik, wenn er davon spricht, dass ein durch den Kopf getriebener Nagel, wie er zur Kreuzigung Christi verwendet wurde, das Bewusstsein löschen könne.[22] Seine Vorstellung dieses für sich und seine

21 Siehe hierzu ausführlich Schmidt: *Fritz Schaefler (1888–1954)*, Kap. III.b.iii.

22 Der Text beginnt mit den Sätzen: „Bin nun hier Militärkrankenwärter Felixmüller. Betone aber krank und Felixmüller. [...] In zwanzig Betten um mich herum aufgebahrte kranke Soldaten. Krank im Gehirn, Epileptiker, Irrsinnige, Gelähmte, Verwundete. Alles Menschen wie ich. [...] Schmerzen überall, hauptsächlich im Kopf (hat doch mir vor drei Tagen der Arzt mit Hämmerlein den Kopf zerschlagen – d. h. ich habe Zertrümmerungsschmerzen). [...] Man sollte aus meinem Block Stahlnägel machen. Fußgroße wie zur Kreuzigung Christi. Noch größer (wozu schreit Kamerad im Wachsaal – wird er ans Kreuz genagelt mit meinem schönen Nagel?) Ich wüßte Besseres mit meinem fußgroßen blauen geschliffenen Nagel. [...] Halte den Nagel ganz nah an meinen Kopf – an die Schläfe – berühre sie ganz zart kitzlich – ah! – – wie schön die Spitze die blau- und rotgeäderte Schläfe sticht! Die Haut und die dünne Schädelschläfe eindrückt. Der 2 cm dicke quadratische Silberstahlnagel

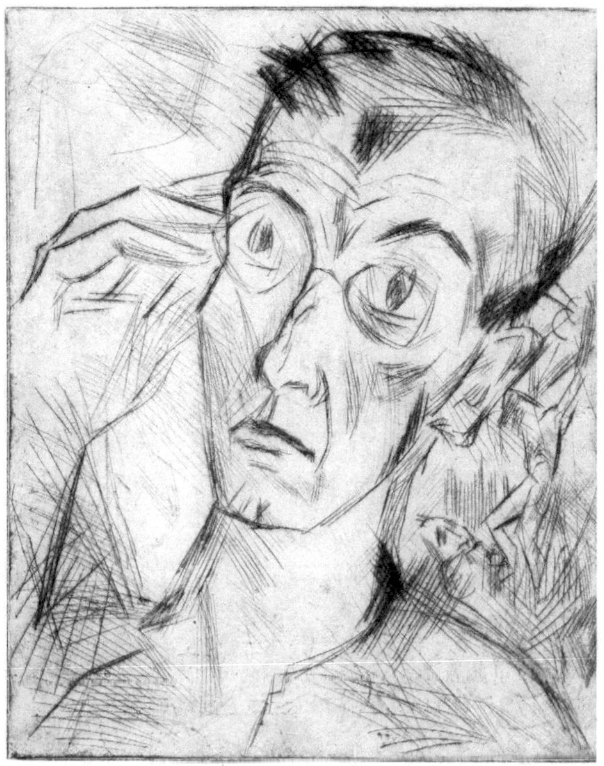

Abb. 6: Fritz Schaefler: *Selbstbildnis III*, 1918, Radierung, 29 x 24 cm (Thiel 583).

leidenden Soldaten-Kameraden erlösenden „kopfschmerzbefreienden Kitzel“ in Verbindung mit dem Passionsmotiv der Kreuzigung Jesu leitet abschließend zu einem der eindrücklichsten Werke über, die

durchstößt! Und wie sicher ich die schmerzende Gehirnstelle treffe! Jene, die der Arzt mit Hämmerlein fein berührte – durchstoße zur andren Seite herausziehe, mit ihm zerrissene Äderchen und Gehirn –! Blut perlt an beiden Schläfen – perlt rot tropfend in den Hals. So schön ist Blut–?! kann so schön rinnen, tropfen! / Wenn – ich – nun – allen – 20 – Kameraden – diese – selbe – Freude mit meinem Silberstahlnagel machte? Denselben kopfschmerzbefreienden Kitzel brächte? Ihr Bewußtsein ebenso löschte? Wenn ich einem nach dem andern meinen Silberstahlnagel blau, jetzt blutigrot angefärbt in die Schläfe drückte?!“ (Conrad Felixmüller: *Militär-Krankenwärter Felixmüller XI Arnsdorf* 1918, zit. n. Peter Ludewig (Hrsg.): *Schrei in die Welt. Expressionismus in Dresden. Mit zeitgenössischen Illustrationen.* Berlin: Der Morgen 1988, S. 116–120, hier S. 116–118.

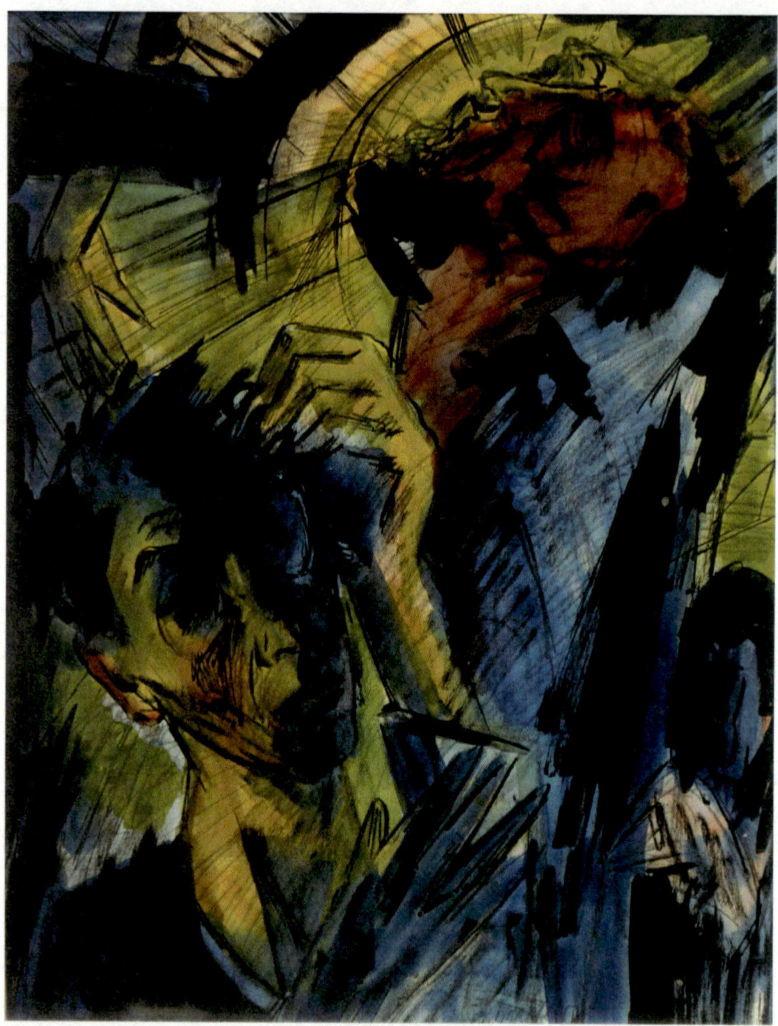

Abb. 7: Fritz Schaefler: *Gesichte des Künstlers*,
1918, Aquarell und Tusche, 49 x 38 cm (Thiel 226).

Fritz Schaefler geschaffen hat. Das Aquarell *Gesichte des Künstlers* (Abb. 7) ist seine konzentrierteste Versinnbildlichung der Auseinandersetzung mit den eigenen Ängsten in Verbindung mit der Passion Christi, dem Erlebnis von Leid und Erlösung. Die linke Bildhälfte wird durch das Selbstporträt dominiert. Schaefler zeigt sich als Brustbild im Halbprofil nach rechts. Die linke Hand ist wiederum fragend und selbstzweifelnd in einem Melancholiegestus an die linke Kopfseite gelegt. Die Augen sind dunkel verschattet. Die rechte Bildhälfte und das gesamte obere Drittel werden vom gekreuzigten Jesus dominiert. Fritz Schaefler kombiniert verschiedene Ansichten des Gekreuzigten. Der Kopf ist in Dreiviertelansicht zu sehen, der Mund ist zu einem gequälten Schrei geöffnet, die Augen sind nur halb offen, die Stirn ist gerunzelt. Meint Schaefler den Moment, als Jesus ruft: „Mein Gott, mein Gott, warum hast du mich verlassen?"[23] Ein heller Strahlenkranz umgibt den Kopf des Gekreuzigten. Seine rechte Hand scheint Schaeflers Stirn nahe der Kopfwunde zu berühren. Die Beschränkung auf drei Farben – rot sowie die Komplementärfarben blau und gelb – ist sorgfältig gewählt und erlaubt die Herstellung von Bezügen innerhalb der Bildkomponenten. Der Kopf Jesu in roter Farbe steht für den Schmerz und symbolisiert das vergossene Blut. Die blau eingefärbten Partien liegen im Schatten und lassen die gelben Bereiche besonders stark strahlen. Mit der Verwendung der gelben Farbe für den Kopf des Künstlers wie für den Strahlenkranz stellt Schaefler eine Verbindung zwischen sich und Jesus her und stellt sich somit, wie es andere Künstler vor ihm getan haben, als leidenden Künstler neben den die Passion erduldenden Christus. Die Gleichsetzung mit dem Gottessohn ist nicht blasphemisch zu werten, sondern als Ausdruck der höchsten Empfindung von Leid oder Größe.[24]

Ob in den Irrsinns-Bildern, den Krüppel-Motiven oder den Passions-Darstellungen: Das Verrückt-Sein, die Angst, der Zweifel, die Hoffnung und der Wunsch nach Erlösung sind Begriffe, die in den vorgestellten künstlerischen Äußerungen elementar zusammengehören, sei es in vermeintlich pathologischen, weltlichen oder religiösen Sinnbildern. Auch nach fast einhundert Jahren sind diese Bildaussagen überzeitlich und überindividuell gültig.

23 Mt 27, 46a; Mk 15, 34a.

24 „[E]ine Anzahl von Blättern stellen das Leiden Christi als ein Sinnbild allgemeiner irdischer Grausamkeit dar." (Ludwig Coellen: Die Radierungen Fritz Schaeflers. In: *Das Kunstblatt* 2,12 (1918), S. 378–381, hier S. 380.)

Künstlerischer Ausdruck und poetische Strategien

Wahnwitz

Poetische Strategie und Auflehnung bei Elsa Asenijeff und Albert Ehrenstein

Cornelius Mitterer / Carsten Rast

Dem Ersten Weltkrieg ging literarhistorisch gesehen eine intensive Sprachkritik voraus.[1] Anschließend an die Krisenerfahrungen zwischen 1914 und 1918 bedurfte es dann neuer Formen künstlerischer Expressivität, die auch in Wien auf vielfältige Weise erprobt wurden.[2] Einige Schriftstellerinnen und Schriftsteller des literarischen Expressionismus verwoben Komikformen wie Groteske, Ironie und Witz mit Darstellungen von Wahnsinn, um neue ästhetische und kritische Impulse zu setzen.[3] Der Beitrag diskutiert zwei dieser literarischen Entwürfe anhand des wenig bekannten Lyrikbandes *Bilanz der Moderne* (1938) von Elsa Asenijeff und anhand von Albert Ehrensteins Erzählung *Tubutsch* (1911). Ein sich konzisen Definitionen entziehender Expressionismus[4] kann durch die aufgezeigte Verbindung von Wahn und Witz hinsichtlich ihrer poetischen wie sozialen Implikationen deutlicher konturiert werden: kein Wahnsinn ohne Witz und kein Witz ohne Wahnsinn.

Die etymologischen Bedeutungen von Witz und Wahn sind hierfür äußerst aufschlussreich und verfügen über eine zeitlich-direktionale Komponente, die sie in Relation zueinander setzt. Das Adjektiv *wahn* steht für eine „unsichere" Stimmung und eine „unbegründete irrige

1 Vgl. Jacques Le Rider: *Das Ende der Illusion. Die Wiener Moderne und die Krisen der Identität.* Wien: ÖBV 1990, S. 62–68; vgl. Jost Bomers: *Der Chandosbrief – die nova poetica Hofmannsthals.* Stuttgart: M & P 1991.

2 Vgl. Primus-Heinz Kucher: Einleitende Bemerkungen zu ‚Moderne' und ‚Avantgarde' in Österreich. In: Ders. (Hrsg.): *Verdrängte Moderne – vergessene Avantgarde. Diskurskonstellationen zwischen Literatur, Theater, Kunst und Musik in Österreich 1918–1938.* Göttingen: V&R unipress 2016, S. 7–20.

3 Vgl. Nicola Gess: *Primitives Denken: Wilde, Kinder und Wahnsinnige in der literarischen Moderne: (Müller, Musil, Benn, Benjamin).* München: Fink 2013.

4 Vgl. Silvio Vietta / Hans-Georg Kemper: *Expressionismus.* München: Fink 1997, S. 21.

Meinung".[5] Köbler listet neben *leer*, *unverständig* und *mangelhaft* auch *nicht erfüllt* und *erfolglos* als Bedeutungsträger von *wahn* im Mittelhochdeutschen.[6] Das Althochdeutsche *wizzi* rekurriert hingegen auf den gegenteiligen Sinnhorizont, auf Wissen, Verstand und Einsicht. Die Literatur des Expressionismus transformiert nun den ‚irrenden', wahnsinnigen und außerhalb der Norm stehenden Sonderling zum Protagonisten, um besonders drastisch auf Phänomene hinzuweisen, die bereits in der etymologischen Semantik von *Wahn* wurzeln und zu Beginn des 20. Jahrhunderts gesellschaftlich wie ästhetisch manifest wurden: auf das Gefühl, in Folge von Sprachkritik, Weltkrieg sowie von Technisierungs- und Rationalisierungsprozessen die künstlerischen, moralischen, sozialen und politischen Bezugskoordinaten verloren zu haben und gleichsam vor dem Nichts zu stehen.

Die Kombination von Wahn und Witz, so die These, ist sowohl poetische Strategie als auch Kennzeichen einer gesellschaftskritischen Auflehnung. Die Untersuchung der beiden Akteure des österreichischen Expressionismus und ihrer Werke offenbart dabei gemeinsame kulturgeschichtliche und witzästhetische Komponenten. Zugleich spielen die zwar verschiedenen, aber vergleichbaren Biografien eine zentrale Rolle, da sie ein ähnliches Zusammenwirken von Witz und Wahn deutlich machen. Als jüdischer und ins Exil vertriebener Autor, dessen Neurasthenie Arthur Schnitzlers Aufmerksamkeit auf sich lenkte einerseits, als emanzipierte und in Nervenanstalten eingewiesene Autorin andererseits waren Ehrenstein und Asenijeff mit restriktiven Normierungsgeboten und oppressiver Macht konfrontiert, denen sie sich literarisch mittels Ironie und Nonkonformismus zu widersetzen suchten.

Über Sigmund Freuds wenig rezipierte Schrift *Der Witz und seine Beziehung zum Unbewußten* (1905) wird im Folgenden eine sprachlogische Ähnlichkeit beider Autoren in ihrer Witztechnik verfolgt und zugleich werden die Gattungsüberschneidungen, die Freud ebenfalls in der Studie vorführt, genauer in den Blick genommen. Ein Vergleich von Lyrik und Prosa ist in diesem Sinne unproblematisch. Als

5 Wahn: In: *Deutsches Wörterbuch* (*DWB*), hrsg. v. Jacob und Wilhelm Grimm, Bd. 27. Nachdruck. München: dtv 1991, Sp. 602–645, hier Sp. 624.

6 Vgl. Gerhard Köbler: *Deutsches Etymologisches Wörterbuch*. http://www.koeblergerhard.de/derwbhin.html (Zugriff am 19.05.2017).

„kulturrevolutionäre Bewegung"[7] erneuert der literarische Expressionismus „das romantische Ideal des Gesamtkunstwerkes"[8], in dem Gattungen ineinanderfließen und untereinander vermitteln. In der sich um 1900 entwickelnden Psychoanalyse findet diese Überschneidung eine theoretische Grundierung.

Theorie

Mit seinem Beitrag *Der Witz und seine Beziehung zum Unbewussten* versucht Freud bisherige Untersuchungen mit weiteren Beispielen auch aus seiner psychoanalytischen Forschung heraus genauer zu differenzieren und ein theoretisches Fundament zu entwerfen. Der Witz wird vor allem als eine kommunikative Praxis und soziale Leistung entwickelt.[9] Neben einer Form, die sich dem individuellen und klugen Einfall[10] verdankt, geht es ihm um die Sprachlogik[11] entsprechender Aussagen. Die Erzeugung von Witzen beschreibt Freud demnach als eine Kombination aus eigener Fähigkeit und unterbewusster kognitiver Arbeit. Dem Witz liegen in diesem Sinne unterschiedliche Wirkungsabsichten zu Grunde: Entweder dient er einer tendenziös wertenden Haltung oder einer abstrakt harmlosen Erheiterung. Über die sprachliche Form identifiziert Freud beispielsweise den Witz als eine Verkleidung für einfache Aussagen. Die geschickte sprachliche Konstruktion täuscht die Rezipientinnen und Rezipienten über den eigentlich banalen Wert einer Äußerung.[12] Ein vermeintlicher Denkfehler geriert sich als grundständige Technik des Witzes. Dieser Vorgang gestattet Freud, eine Parallele zu Prozessen des Unbewussten zu ziehen, in denen erlaubt sei, was andernfalls als Fehler beurteilt würde.[13]

7 Thomas Anz: *Literatur des Expressionismus.* Stuttgart / Weimar: Metzler 2010, S. 150.

8 Ebd.; vgl. auch Thomas Anz / Michael Stark (Hrsg.): *Die Modernität des Expressionismus.* Stuttgart / Weimar: Metzler 1994; Anke Finger: *Das Gesamtkunstwerk der Moderne.* Göttingen: Vandenhoeck & Ruprecht 2006; Ralf Beil / Claudia Dillmann (Hrsg.): *Gesamtkunstwerk Expressionismus – Kunst, Film, Literatur, Theater, Tanz und Architektur 1905 bis 1925.* Ostfildern: Hatje Cantz 2010.

9 Sigmund Freud: *Der Witz und seine Beziehung zum Unbewussten.* Frankfurt am Main: Fischer 1965, S. 167.

10 Ebd., S. 156–157.

11 Ebd., S. 50.

12 Ebd., S. 87–88.

13 Ebd., S. 190.

Man kann im Sinne Freuds den Witz als sprachliche Freisetzung des Unbewussten bezeichnen.
Hieraus leiten sich ästhetische Prinzipien des Witzes ab, die für literarische Texte herangezogen werden können. Das Zulassen unbewusster Prozesse führt nicht zu Denkfehlern, die durch scheinbar unsinnig Verbundenes entstehen, sondern zu ästhetisch erfahrbaren Gebilden, die diese Vorgänge einerseits als Technik ausstellen, andererseits Kritik am Verfahren der Fehlerverifizierung äußern. Das Fehlerhafte, Ausgeschlossene und Reflektierte wird durch die Lust am Ausgesparten und an der Tendenz aufgewertet. Die Funktion des tendenziösen Witzes als Auflehnung und Kritik gesellschaftlicher Zustände gilt es anhand der beiden Texte im Folgenden zu präzisieren. Der Witz kann in diesem Sinne als eine bewusst poetologisch mehrdeutige Sinnsetzung erfolgen. Es lässt sich einerseits von einem individuellen und sprachlich konstruierten Gebilde sprechen, andererseits werden die ambivalenten Vorgänge an die Leserinnen und Leser delegiert. Sie erschließen sich den Witz auf einfache und komplexe Weise, sodass die Anbindbarkeit des Textes poetologisch sichtbar wird: Die Aufmerksamkeit der Zuhörerin und des Zuhörers wird auf einen inhaltlichen Sachverhalt, zugleich aber auf die sprachliche Konstitution gelenkt.[14] Durch seine Fokussierung auf die Textur bietet sich der Witz für den literarischen Expressionismus geradezu an. Der Bezug zwischen Wahn, Witz und Traum liegt demnach in den formalen Verfahren. Hierauf deutet auch Henri Bergson hin, auf den sich Freud in seinem Beitrag immer wieder bezieht. Er verlegt Wahn in die Absurditäten des Traums, die jedoch nicht willkürlich sein müssen:

> Einen Wahn aber gibt es, der nur im Traum vorkommt. Gewisse Widersprüche können in der Phantasie des Träumenden so natürlich erscheinen und gleichzeitig der Vernunft des wachen Menschen so sehr zuwiderlaufen, daß man sie jemandem, der so etwas nie erlebt hat, unmöglich genau und vollständig beschreiben könnte.[15]

Erkennen und Verkennen sind Gegenstand expressionistischen Schreibens und einer allgemeinen Witztechnik. Ähnlichkeiten in ihrem

14 Vgl. Karlheinz Stierle: Komik der Handlung, Komik der Sprachhandlung, Komik der Komödie. In: Wolfgang Preisendanz / Rainer Warning (Hrsg.): *Das Komische.* München: Fink 1976, S. 237–268, hier S. 260.

15 Henri Bergson: *Das Lachen. Ein Essay über die Bedeutung des Komischen.* Hamburg: Meiner 2011, S. 131.

Gebrauch lassen sich bei Asenijeff und Ehrenstein formal in einer Mischung aus Selbstzweck und Tendenz des Witzes erkennen, biografisch in Form schriftstellerischer Selbstversicherung sowie gesellschaftskritisch, indem sie sich gegen Ausgrenzungsmechanismen des Wahnvollen wenden.

Elsa Asenijeff

Elsa Asenijeff (1867–1941) wird als zeitweilige Lebensgefährtin des Künstlers Max Klinger, allerdings kaum als Schriftstellerin wahrgenommen. Obzwar bekannt, werden ihre Kontakte zu Frühexpressionistinnen wie Else Lasker-Schüler sowie zum Berliner Kreis um Kurt Pinthus und Walter Hasenclever wenig untersucht. Aufgrund ihrer Scheidung von Ivan Johann Nestoroff nach elfjähriger Ehe im Jahr 1901 und der Trennung von Max Klinger 1914 gilt sie als „männermordende Femme fatale".[16] Trotz der langjährigen Lebenspartnerschaft mit dem berühmten Künstler und des gemeinsamen unehelichen Kindes bekommt sie bei der späten erneuten Heirat Klingers keinen Erbanteil zugesprochen. Sie muss ihre Wohnung aufgeben und steht mittellos auf der Straße. Kontakte zur Familie und dem Sohn Theophil Heraklit Nestoroff (1896–1941) aus erster Ehe sind bereits früh abgebrochen. Wegen Querulantentums wird sie 1921 entmündigt. Ihr restliches Leben verbringt sie, als Jüdin und Feministin verunglimpft, in unterschiedlichen psychiatrischen Anstalten und stirbt 1941 in Bräunsdorf.

Zu einer psychischen Erkrankung der Schriftstellerin äußern sich Zeitgenossen und Forschung unterschiedlich. In einem vor allem biografisch ausgerichteten Nachwort zur 2010 veröffentlichten Neuauflage von *Bilanz der Moderne* (1938) drückt der Psychiater Peter Grampp Zweifel an der Diagnose aus:

16 Rita Jorek: Gedichte aus der Anstalt. In: Elsa Asenijeff: *Bilanz der Moderne. Gedichte*, hrsg. v. Rita Jorek. Stockheim: Turmhut 2010, S. 7–25, hier S. 15.

> Was können wir diesen Gedichten entnehmen? Vorrangig darf Elsa Asenijeff beschieden werden, dass ihre Sensibilität und ihr Denken Bestand hatten. Ein Umstand, der selbst ohne psychische Erkrankung im damaligen Anstaltsmilieu ungewöhnlich sein dürfte.[17]

Auch Rita Jorek, die Asenijeffs Werke neu herausgibt, belegt, dass eine angemessene Diagnose ihrer Schizophrenie nie erfolgt ist.[18] Dass Elsa Asenijeff sich dagegen selbst als „Amazone der Gedanken“[19] bezeichnet, offenbart ein Bedürfnis nach Ungebundenheit, das sie über die Literatur verwirklicht.

Die Ambivalenz von Wahn als Mangel und produktive Erkenntnis sowie von Witz als Aufwandsreduktion und subjektive Selbsterhebung ist bereits anhand des Mottos von Elsa Asenijeffs erstem Erzählband *Sehnsucht* (1898) ablesbar:

> Lasst mich wahnvoll sein
> Nach meiner Art und seid klug
> Nach eures Wahnes Weise.[20]

Hier spricht ein Ich von seiner dem Wahn nahe kommenden Art, während die Angesprochenen („eures“) einem tatsächlichen Wahn unterliegen. Dem Wahnvollen als subjektive Leistung wird hier eine Klugheit auf Basis eines Wahns gegenübergestellt, zugleich auf diese Weise das Individuelle gegenüber einem nicht näher bezeichneten Kollektiv abgegrenzt, darüber hinaus aber auch im Begriff des Wahns wieder vereint. Er findet in der Witztechnik der *Umordnung* sprachlichen Materials seinen Ausdruck.[21]

Abgesehen von einzelnen Gedichten ist Asenijeffs postum veröffentlichter und während ihrer Internierung geschriebener Lyrikband *Bilanz der Moderne* von der Forschung fast unberücksichtigt geblieben. Er entstand in den letzten Jahren ihres Aufenthalts in Bräunsdorf. Das Gedicht *Potz Sumpf! Die Strol[ch]okratie* dient im

17 Peter Grampp: Elsa Asenijeff: „Gewalt ist kein Recht!“. In: Asenijeff: *Bilanz der Moderne*, S. 169–177, hier S. 177.

18 Vgl. Rita Jorek: Elsa Asenijeff. In: *Transdifferenz in der Literatur deutschsprachiger Migrantinnen in Österreich-Ungarn*. http://www.univie.ac.at/transdifferenz/index.php?option=com_content&view=article&id=6¶m1=1 (Zugriff am 15.3.2017).

19 Jorek: Gedichte aus der Anstalt, S. 10.

20 Elsa Asenijeff: *Sehnsucht*. Leipzig: Friedrich 1898, S. V.

21 Freud: *Der Witz*, S. 42.

Folgenden dazu, das Verhältnis von Witz und Wahn im Band exemplarisch vorzuführen:

> **Potz Sumpf! Die Strol[ch]okratie.**
> Ei! Ei! Nicht genug das Verarmende der Republik?
> Noch mehr herunter? Noch lockerer gethan & gedacht?
> Das bricht den Republiken das Genick!
> Denn der Pöbel will – (& weiß nicht wie:)
> Potz Sumpf!: Er will die Strolchokratie!!![22]

Trotz offener Referenzen („der Republik"/„den Republiken") lässt sich inhaltlich auch ohne größere Schwierigkeit ein Erstzugang zum Gedicht finden. Eine Republik geht zugrunde und Schuld trägt die ungebildete Masse, die sich schelmische Vertreter wählt („Strolchokratie"). Ein kritischer Gegenwartsbezug zur historischen Situation um 1938 ist unschwer zu erkennen. Zugleich enthält das Gedicht einen vagen Ausblick auf einen Fortgang dieser Entwicklung, in der die eine Republik den anderen „das Genick" brechen soll („den Republiken").

Probleme dagegen bereiten die weitreichenden Formbrüche, die das Gedicht als ein expressionistisches ausweisen. Hierzu zählt vor allem der einem klassischen Metrum entgegenarbeitende Rhythmus, den auch der Schriftsteller und Künstler Lothar Schreyer als Kennzeichen expressionistischer Dichtung bezeichnet: „Der Vers unserer Dichtung ist eine rhythmische Einheit, ohne Metrum, aharmonisch."[23] Der Wechsel von Hebungen und Senkungen in Asenijeffs Gedicht ist unregelmäßig und in mancher Hinsicht irritierend. Die erste wie die letzte Zeile beginnen mit einem Hebungsprall. Mit einem katalektisch trochäischen Fünfheber ist Zeile vier noch die regelmäßigste. Auch die Strophenform wirkt mit fünf Zeilen ungewöhnlich, weil das grobe Reimschema durchbrochen wird. Während die zweite Zeile als Waise ohne Reimergänzung bleibt, reimen sich die Zeilen eins und drei sowie vier und fünf. Die Silbenfolge reduziert sich von vierzehn in den ersten beiden Zeilen auf zehn und endet mit zweimal neun Silben in den letzten beiden. Asenijeff bedient sich zugleich nicht der Technik des Enjambements, sondern verwendet Satzendzeichen, Fragezeichen, Ausrufezeichen und einen Doppelpunkt. Die Versenden bleiben

22 Elsa Asenijeff: Potz Sumpf! Die Strol[ch]okratie. In: Dies.: *Bilanz der Moderne*, S. 68.

23 Lothar Schreyer: Expressionistische Dichtung. In: *Theorie des Expressionismus*, hrsg. v. Otto F. Best. Stuttgart: Reclam 2004, S. 170–181, hier S. 175.

demnach markiert. Das Gedicht changiert zwischen sprachlich eigenartiger Formauflösung und partieller Formnähe, wodurch es eine irritierende Wirkung entfaltet.

Mit dem titelgebenden Kompositum „Strolchokratie“ liegt nach Freud eine „Verdichtung mit Ersatzbildung“[24] vor. Als Witz ist das „Mischwort“[25] vor allem auch deshalb gekennzeichnet, weil es die irritierende Form des Gedichtes in einer im Grunde sinnlosen (wahnhaften) Wortneubildung, deren Mehrdimensionalität die Qualität des Witzes ausmacht, vereint und so einen übertragbaren Sinn in das Gedicht hineinlegt. Dies muss im Einzelnen nachvollzogen werden. Das Kompositum Strolch-o-kratie verbindet ein schwaches Nomen mit einem wortstammbildenden Suffix. Seine Bedeutung leitet sich von den letzten beiden Silben ab. Dabei überträgt sich die Mehrdeutigkeit der Wortstammergänzung „Strolch-“ auf den Wortstamm. Der Begriff ‚Strolch‘ wird meist in abwertendem Kontext für Betrüger, Diebe oder Herumtreiber verwendet, kann aber auch scherzhaft als Bezeichnung für einen kleinen Jungen im Sinne von Schlingel bzw. Spitzbube vorkommen. Einerseits berührt der Begriff also ein soziales Feindbild: Die gewählten Vertreter der Republik, denn hierauf liegt die innertextuelle Referenz, werden als Betrüger dargestellt. Andererseits bringt er ein spitzbübisches Tun zum Ausdruck, da die Vertreter mehrheitlich gewollt und durch Wahlen legitimiert wurden. Der Strolch als Sonderling steht folglich für eine spezielle Form sozialer Abweichung, deren ganzer Wahnsinn darin begründet ist, dass das Volk ihn freiwillig in leitende Funktionen gebracht hat. Der Plural entsteht durch den Verbindungsvokal „-o“ in Zusammenhang mit dem Suffix -kratie, welches sich aus dem griechischen „krateía“ (Herrschaft) ableitet. Bezeichnet werden durch ihn verschiedene Herrschaftsformen, aber auch Verhaltensweisen oder krankhafte Zustände. In Bezug zu „Republik“ ist der Begriff Strolchokratie demnach mehr als nur ein „kluger Einfall“[26]. Der Witz resultiert dabei aus der vermeintlich absurden Verbindung von Schelm und Katastrophe in einem Neologismus. Wahn und Witz bedingen sich formal sowie inhaltlich im Sinne von Reduktion und sprachlichem Mehrwert. Der Wortwitz fasst in knapper und

24 Freud: *Der Witz*, S. 23.

25 Ebd.

26 Ebd., S. 156–157.

selbstreflexiver Form einen unerhörten Wahnsinn zusammen: Die Wahl mangelhafter staatlicher Repräsentanten.

Eine für den literarischen Expressionismus typische Irritation lässt sich demnach im Gedicht Asenijeffs durch Kombination des einander Fremden belegen. Durch wahnvolles Sprechen, welches in der Widmung zu *Sehnsucht* angedeutet wird, überschreitet sie die vermeintliche Klugheit des „Pöbels", der sich in einem Wahn für falsche Repräsentanten entscheidet. Zugleich ist diese Form der Irritation kennzeichnend für das gesamte Gedicht. Bereits mit der ersten Lautdopplung zu Beginn wird dies deutlich: „Ei! Ei! Nicht genug das Verarmende der Republik?" Das doppelte „Ei" ist nach dem Grimm'schen Wörterbuch „der Form, nicht der Bedeutung nach dem wehklagenden *αἰ αἰ* ähnlich, pflegt bedenkliches Verwundern, aber auch Freude auszudrücken."[27] Bereits gedichtinitial wird das Paradoxon zwischen verwundertem, besorgtem Ausruf und infantilem Ausdruck der Zärtlichkeit („eiei") eingeführt.

Das Gedicht steht beispielhaft für Asenijeffs Witz-Technik, die Begriffsneubildung und strukturelle Irritation zusammenführt. Auch mit der letzten Zeile und der rätselhaften Wendung „Potz Sumpf!" wird dieses Prinzip doppelter sprachlicher Ebenen zugleich ästhetisch selbstreflexiv fortgeführt. Der Begriff Potz ist eine Abwandlung von Gott aus dem Mittelhochdeutschen „pocks". In Verbindung mit dem Wort Sumpf steht es übertragbar für den Pfuhl des Politischen, wird also in eine Metapher politischer Geografie gekleidet. Dieses Prinzip lässt sich auf den Gedichtband übertragen. Die lyrischen Begriffsneubildungen sind darin vielgestaltig: „Ni(e)gelungen"[28], „Millionenmassig"[29], „Massenmann"[30], „affengeschlechtig"[31], „Jammerwuth"[32], „Trippeldummheitsscheuerhexe"[33], „Perlmuttergrund"[34], „stummsprechend"[35]. Solche Ausdrücke sind Kennzeichen eines Stils, der teilweise verrätselt ist und dabei Mehrdeutigkeit sowie eine ‚wahnvolle' Ambivalenz erzeugt.

27 potz. In: *DWB*, Bd. 13, Sp. 2040.
28 Asenijeff: *Bilanz*, S. 30, 36, 37, 40.
29 Ebd., S. 31.
30 Ebd., S. 32.
31 Ebd., S. 40.
32 Ebd., S. 64
33 Ebd., S. 135.
34 Ebd., S. 144.
35 Ebd., S. 148.

Asenijeff ist nicht nur in diesem Sinne eine Autorin des Expressionismus, sie erfüllt zugleich expressionistische Sprachvorstellungen, die nach Carlo Mierendorff „für jede Sache den treffendsten, knappsten und deutlichsten Ausdruck“[36] zu finden bemüht ist. Durch ihr künstlerisches In-Verbindung-setzen von sprachlich Fernem erzeugt Asenijeff in Bezug auf die politische Bedeutungsebene ihrer Gedichte eine individuelle Form des Witzes, die expressionistischen Verfahren folgt.

Albert Ehrenstein

Albert Ehrenstein (1886–1950) gehört im Gegensatz zu Elsa Asenijeff zu den bekannteren Vertretern des Expressionismus. Sein Leben und Werk, vor allem die Verbindungen zum Berliner expressionistischen Künstlerkreis rund um Herwarth Walden, sind gut erforscht.[37] Als 19-jähriger literarischer Debütant suchte er aber zunächst Kontakt zu Arthur Schnitzler, dem er seine Manuskripte vorlegte: „Will aus dem Milieu heraus. Am Rand der Tuberkulose. – Keine viertel Std. ungestört [...]. Seine Stoffe wandeln sich immer ins Parodistische“[38], verzeichnet der arrivierte Dichter im Tagebuch über Ehrensteins Besuch. Das Ersuchen des jungen Schriftstellers um literarische Fürsprache und Vermittlung wird immer dringlicher. Am 14. Januar 1906 konfrontiert Ehrenstein Schnitzler mit der Vermutung, er komme in dessen Novelle *Weissagung* vor; am Ende der konfusen Unterredung deutet er Selbstmordgedanken an.[39] Wenige Tage später besucht Schnitzler die Familie Ehrenstein und erfährt von der Überweisung Alberts in das Fango Sanatorium, aus dem er einige Monate später in scheinbar guter Verfassung zurückkehrt.[40] Der Kontakt besteht weiterhin, doch kann Schnitzler mit Ehrensteins Werken insgesamt wenig anfangen. Auch

36 Carlo Mierendorff: Erneuerung der Sprache. In: *Feuer*: *Monatsschrift für Kunst und künstlerische Kultur* 1,6 (1919), S. 371–374, zit. n. Wiederabdruck in: *Theorie des Expressionismus*, S. 140–148, hier S. 146.

37 Vgl. Peter Sprengel / Gregor Streim / Barbara Noth: *Berliner und Wiener Moderne. Vermittlungen und Abgrenzungen in Literatur, Theater, Publizistik*. Wien / Köln / Weimar: Böhlau 1998, S. 604–608.

38 Arthur Schnitzler: *Tagebuch 1903–1908*, hrsg. v. d. Kommission für literarische Gebrauchsformen der Österreichischen Akademie der Wissenschaften unter Mitwirkung v. Peter Michael Braunwarth / Susanne Pertlik / Reinhard Urbach. Wien: Verlag der Österreichischen Akademie der Wissenschaften 1991, S. 173.

39 Vgl. ebd., S. 178.

40 Vgl. ebd., S. 180, 202.

wenn er ihn als klugen Gesprächspartner schätzt,[41] bleibt die Beziehung der Autoren zueinander verhalten.[42]

Albert Ehrenstein hegte ein kritisches Interesse für die medizinische Psychologie und Psychotherapie der Zeit. 1911 war er beim Wiener Psychotherapeuten Alfred Adler in Behandlung und ab 1916 dessen Sekretär im Verein für Individualpsychologie.[43] Sein Interesse drückt sich auch im Artikel „Allerlei Psychiatrie" aus, den Ehrenstein im Zuge eines internationalen Kongresses zum Thema verfasst hat.[44] Dabei können seine rhetorischen Strategien für die Schilderung des modernen Umgangs mit dem Krankheitsbild in Anlehnung an die von Freud festgehaltenen Charakteristika des Witzes als *Kontrast* und *Paarung des Unähnlichen* bezeichnet werden.[45] Ehrenstein nennt die Patientinnen und Patienten, denen sich der Kongress widmet, „Schlauköpfe", weil sie sich in den eigens für sie geschaffenen Sanatorien alimentieren ließen. Ihre „Minderwertigkeit" stelle eine Waffe dar, welche die Kranken aus dem „Lebenskrieg" fernhalte und den „geordneten Rückzug ins Irrenhaus" zur Folge habe.[46]

Nach Freud kann man hier von der Witztechnik der *Unifizierung*[47] sprechen, eine Herstellung von zunächst ungeahnten Zusammenhangen, die selbstverständlich alles andere als ernstgemeinte Befunde sind. Der Effekt basiert auf dem kontrastiven Zusammentreffen vermeintlich schiefer Vergleichsebenen. Dieser artikuliert sich in Form einer *Verdichtung* von militärisch-aktivem Sprachgebrauch und der

41 Vgl. ebd., S. 206, 366.

42 Vgl. Schnitzler: *Tagebuch 1909–1912*, hrsg. v. d. Kommission für literarische Gebrauchsformen der Österreichischen Akademie der Wissenschaften unter Mitwirkung von Peter Michael Braunwarth / Susanne Pertlik / Reinhard Urbach. Wien: Verlag der Österreichischen Akademie der Wissenschaften 1995, S. 369.

43 Vgl. *Alfred Adler – wie wir ihn kannten*, hrsg. v. Gerald Mackenthun. Göttingen: Vandenhoeck & Ruprecht 2015, S. 157.

44 Albert Ehrenstein: Allerlei Psychiatrie. In: Ders.: *Werke*, Bd. 5: Aufsätze und Essays, hrsg. v. Hanni Mittelmann. München: Boer 2004, S. 33–37. Vermutlich handelt es sich um den 4. Kongress des Internationalen Vereins für medizinische Psychologie und Psychotherapie, der unter dem Vorsitz von Eugen Bleuler vom 19. bis 20. September 1913 in Wien stattgefunden hat. Vgl. Alfred Adler: *Schriften zur Erziehung und zur Erziehungsberatung. (1913–1937)*, hrsg. v. Wilfried Datler / Johannes Gstach / Michael Wininger. Göttingen: Vandenhoeck & Ruprecht 2015, S. 31.

45 Freud: *Der Witz*, S. 161–162.

46 Ehrenstein: Allerlei Psychiatrie, S. 34.

47 Freud: *Der Witz*, S. 54.

Situation Schutzbedürftiger.[48] Nachdem in diesem Schritt der Witzarbeit die strukturelle Schicht freigelegt wurde, die das Bild des Deserteurs auf den vermeintlichen Simulanten überträgt (und umgekehrt), erschließt sich auf der Sinnebene Ehrensteins Vorwurf an die medizinische Psychologie. Sie verkenne oft die Tragweite schwerer Nerven- und Seelenleiden und wolle diese mit „Badekuren" heilen oder – und hier offenbaren sich neben naheliegenden persönlichen Erfahrungen auch seine sprachkritischen Überlegungen – die Krankheit allein durch die Autorität des medizinischen Diskurses kurieren. Jene Kritik mit den Mitteln des Witzes, die über eine Ironisierung hinausgeht, äußert der Autor unter Verwendung weiterer Kontrastpaare, welche sich in sprachlichen wie auch in Sinn-Gegensätzen manifestieren. So spricht Ehrenstein vom „Verlust" des „Krankheitsgewinns" und parallelisiert den arbeitsscheuen Habitus der „Nervösen" mit jenem der „Aristokraten".[49]

Diese im Essay angeführten Witzstrategien und -techniken, die mit der Auseinandersetzung rund um Begriffe wie Ordnung und psychische Dysbalance korrelieren und dabei diskursiv den Militarismus der Zeit ins Visier nehmen, führt Ehrenstein vor allem auch literarisch fort. Ein prägnantes Beispiel für seine Poetik des Witzes, die sich an Fragen des Gesellschaftlich-Normativen, der Rationalisierungsprozesse um 1900, an Themen der Gesundheit und an sozial akzeptierten wie nicht akzeptierten Verhaltensweisen abarbeitet, stellt die 1911 veröffentlichte Erzählung *Tubutsch* dar. Sie beginnt und endet mit einer Selbsteinführung[50] des Erzählers: „Mein Name ist Tubutsch, Karl Tubutsch. Ich erwähne das nur deswegen, weil ich außer meinem Namen nur wenige Dinge besitze…[51] […] Ich besitze nichts als wie gesagt – mein Name ist Tubutsch, Karl Tubutsch."[52]

48 Freud: *Der Witz*, S. 137.

49 Ehrenstein: Allerlei Psychiatrie, S. 34.

50 Auch eine frühe Aufzeichnung Max Frischs von 1932 nähert sich dem eigenen Ich zwischen Selbst- und Fremdbild in dieser ironischen Doppelung: „Mein Name ist Frisch. Max Frisch" (Max Frisch: *Gesammelte Werke in zeitlicher Folge*, hrsg. v. Hans Mayer. Frankfurt am Main: Suhrkamp 1976, Bd. I.1, S. 10–11).

51 Albert Ehrenstein: Tubutsch. In: Ders: *Werke*, Bd. 2: Erzählungen, hrsg. v. Hanni Mittelmann. München: Boer 1991, S. 36–58, hier S. 36.

52 Ebd., S. 58.

Zu Recht wurden Anfang und Ende des Textes bereits in Paraphrase der nietzscheanischen ‚Wiederkehr des Gleichen'[53] als eine philosophische Banalisierung parallel zur Ich-Dissoziation gelesen.[54] Des Weiteren steht die Erzählung in der Tradition sprachkritischer Selbstbefragung, die sich in *Tubutsch* als schizoide Reflexion eines Ichs und in fragmentarischen Episoden als bittere Satire niederschlägt: „Man glaubt, ich sei lustig? Ja! Herzzerreißend lustig! Dies alles ist nichts als Galgenhumor."[55]

Der Text entwickelt die dem Impressionismus zugeschriebene Sprach- und Subjekt-Krisis in Verbindung mit Witz und einer von der normativen Seite der Betrachtung als wahnhaft pathologisierten Charakterzeichnung auf kritische wie ästhetische Weise weiter. Im Kapitel über die „Tendenzen des Witzes" unterscheidet Freud, wie bereits dargelegt, zwei Funktionen: den Selbstzweck des „harmlosen" Witzes und die „tendenziöse" Funktion, die über kritisches Potential verfüge.[56] Der tendenziöse Witz ermögliche es, Aggression oder Kritik gegen Höhergestellte in erlaubtem Maße anzubringen; der Witz sei in jenen Fällen Auflehnung und Befreiung zugleich.[57] Zwar sind nach Freud die harmlosen Wortwitze aufschlussreicher für die Analyse des Witzes, weil Tendenz Verwirrung stifte.[58] Mit Blick auf Ehrenstein offenbaren sich aber gerade in jener tendenziösen Variante „feindliche" Absichten, wie sie der Psychoanalytiker nennt, die eine Form der aggressiven Abwehr darstellen und ganz bewusst irritieren sollen. Ehrensteins Texte sind ästhetisch und witztechnisch aufgerüstete Infragestellungen gesellschaftlicher Strukturen und literarischer Konventionen, und sie verarbeiten nicht zuletzt auch Phänomene wie den Antisemitismus.[59]

53 Vgl. Dezso Csejtei: Die Wiederholung in der posthegelschen Geschichtsphilosophie. In: Karoly Csuri / Joachim Jacob (Hrsg.): *Prinzip Wiederholung. Zur Ästhetik von System- und Sinnbildung in Literatur, Kunst und Kultur aus interdisziplinärer Sicht*. Bielefeld: Aisthesis 2015, S. 149–156.

54 Vgl. Ralf Georg Bogner: *Einführung in die Literatur des Expressionismus*. Darmstadt: WBG 2005, S. 115.

55 Ehrenstein: Tubutsch, S. 58.

56 Freud: *Der Witz*, S. 86.

57 Vgl. ebd., S. 99.

58 Vgl. ebd., S. 89–90.

59 Vgl. Ehrensteins Erzählung *Seltene Gäste. Dezembergang*, die von einem angefahrenen orthodoxen Juden handelt. In: Ders: *Werke*, Bd. 2: Erzählungen, S. 24–26.

Inwiefern in seinen Texten die Erzeugung von Witz mit Lust zusammenhängt, ein Prinzip, das Freud als Konstante sowohl in seiner intellektuellen (Wortspiel) wie auch libidinösen (Zote) Ausprägung bezeichnete, bleibt jedoch fraglich. Formal betrachtet treibt Ehrenstein die Witztechniken expressiv auf die Spitze, sodass sie die Lust der Rezipientinnen und Rezipienten am Wortmaterial eher unterlaufen. Als „zynische" Varianten sind sie offensiv den Prinzipien der Selbstzentrierung verpflichtet und als solche besonders für den ‚jüdischen Witz' bezeichnend.[60] ‚Jüdische Witze' von Juden stellen die „subjektive Bedingung der Witzarbeit"[61] her, so Freud. Ein Held des ‚jüdischen Witzes' sei der „Schnorrer"[62], als sein tragikomischer Wegbegleiter kann Tubutsch angesehen werden, als „Flaneur des Nichts"[63]. Diese Form der Subjektivierung, die sich in der selbstvergewissernden Wiederholung des Namens ausdrückt, knüpft an jüdische wie literarische Traditionen gleichermaßen an, um sie zu überwinden. Der tendenziöse Witz, der gegen die eigene Person (oder Generation, bzw. gegen das eigene Milieu) gerichtet ist, versucht die drohende Dissoziation durch Witzarbeit zu blockieren. Diese ist ein literarisch-perlokutionäres Ventil, um Wahn und den daraus resultierenden gesellschaftlichen Zuschreibungen und Ausschlussmechanismen zu entgehen und gleichzeitig soziale wie ästhetische Phänomene zu reflektieren. *Tubutsch* verdeutlicht die Vielstimmigkeit in der Auseinandersetzung expressionistischer Texte mit Phänomenen, die dem medizinischen Wissensfeld oder den poetischen Ausdrucksmitteln zugeschrieben werden. Dabei zeichnet sich ein Gegenentwurf weg vom Topos der manischen

60 Meyer-Sickendiek weist nach, dass der Begriff des Sarkasmus in Bezug auf den ‚jüdischen Witz' („juden-witz") in einer diffamierenden zeitweise auch in antisemitischer Tradition steht. Er wirft die Frage auf, inwiefern Sarkasmus als Lob jüdischer Autoren deren Humor gerecht werde. Vgl. Burkhard Meyer-Sickendiek: Der ‚jüdische Witz': Zur unabgegoltenen Problematik einer alten Kategorie. In: Friedrich W. Block / Rolf Lohse (Hrsg.): *Wandel und Institution des Komischen. Ergebnisse des Kasseler Komik-Kolloquiums*. Bielefeld: Aisthesis 2013, S. 93–116.

61 Freud: *Der Witz*, S. 106.

62 Ebd.

63 Grazia Pulvirenti: Das zersplitterte Ich. *Tubutsch* und der Verlust der Welt. In: Jean-Marie Valentin (Hrsg.): *Akten des XI. Internationalen Germanistenkongresses, Paris 2005, „Germanistik im Konflikt der Kulturen"*, Bd. 7: Bild, Rede, Schrift – Kleriker, Adel, Stadt und außerchristliche Kulturen in der Vormoderne – Wissenschaften und Literatur seit der Renaissance. Bern: Lang 2008, S. 121–130, hier S. 125.

Genialität[64], wie sie noch in der Kunst des Symbolismus bestand hatte, hin zur wissenschaftlichen Analyse und Beschreibung von Wahnsinn und Nervenleiden ab. Der hier behandelte Text steht in einer im Antirationalismus verankerten literarischen Tradition. Zwei Jahre später führt Alfred Döblin, mit dem Ehrenstein bekannt war und dessen Werke er negativ rezensierte, einen protokollarisch sachlichen Beschreibungsstil psychischer und psychologischer Phänomene in die Literatur des Expressionismus ein.[65]

Vergleich und Fazit

Die poetologisch-ästhetischen Konzepte Asenijeffs und Ehrensteins ähneln sich in ihrer Vereinbarkeit von Reduktion und sprachlicher Mehrdeutigkeit. Diese können einerseits als Kennzeichen des literarischen Expressionismus gedeutet werden, andererseits überschneidet sich diese Struktur mit der des Witzes, wie sie Freud entwickelt. Die Struktur des Witzes erzeugt eine *Fassade* des humorvollen Scheins, dessen Hintergrund ein ernster gesellschafts- und autoritätskritischer Zeitbezug bildet. Durch Reduktion und Mehrdeutigkeit in individualästhetischer Form entbindet sich der Witz von kontrollierenden Strukturen und befreit sich von ihrem Druck. Bei Elsa Asenijeff scheint die Tendenz gegenüber der Literarizität den Vorzug zu haben. Ihre Gedichte machen die abgeschlossene Perspektive deutlich, in der sich die Autorin ebenso lebensweltlich befindet. Auch bei Ehrensteins kritischer Perspektive lässt sich oftmals von Tendenzen im Sinne Freuds sprechen. Die Prosagestaltung ist vor allem in *Tubutsch* mehrdimensionaler und verlagert die Witzstrategien auf diskursive Praktiken und auf ihr die Macht der Institutionen herausforderndes kritisches Potential. Die herausgeforderten Institutionen sind dabei nicht allein staatliche oder gesundheitspolitische Einrichtungen, sondern auch poetische Formen der Jahrhundertwende, die es im Expressionismus zu überwinden galt.

64 Vgl. Wolfgang Lange: *Der kalkulierte Wahnsinn. Innenansichten ästhetischer Moderne.* Frankfurt am Main: Fischer 1992, S. 41.

65 Vgl. Alfred Döblin: Berliner Programm. An Romanautoren und ihre Kritiker. In: Ders.: *Aufsätze zur Literatur*, hrsg. v. Walter Muschg. Freiburg i. Br.: Olten 1963, S. 15–19, hier S. 16.

Abnorme Metrik

Zur Versstruktur und Rhythmik von Walter Hasenclevers *Die Verheißung VI* und Johannes R. Bechers *Die Irren*

Michael Ansel

Expressionismus und Weimarer Klassik

Wenn man ihre epochentypischen Merkmale und literarische Programmatik miteinander vergleicht, verwundert es nicht, dass der Expressionismus der Weimarer Klassik nicht viel abzugewinnen vermochte. Dies gilt trotz der Heterogenität des Expressionismus, dem wie vielen avantgardistischen Strömungen der Moderne unterschiedliche künstlerische Bestrebungen und Tendenzen zugeordnet werden können. Sie alle waren aber gesellschaftskritisch gegen die bürgerliche Lebenswelt und die als utilitaristisch-nihilistisch gebrandmarkten Naturwissenschaften, gegen formal und stilistisch eher konventionelle Literatur- und Kunstepochen vom Naturalismus bis zur Neuklassik und gegen alle Postulate zeitenthobener Kunstautonomie gerichtet. In den Augen der expressionistischen, vom Ethos der Wirklichkeitsveränderung durchdrungenen und oftmals mit forcierten ästhetischen Innovationen experimentierenden Avantgarde musste die Weimarer Klassik mit ihrem antirevolutionären, sich bewusst von der Gegenwart distanzierenden Rückgriff auf die Antike, ihren Idealen allseitiger Gemessenheit und Harmonie und ihrem programmatischen Ziel einer die Koinzidenz des Schönen, Wahren und Guten feiernden Formvollendung als Relikt aus einer längst vergangenen Zeit erscheinen, die den massiven Dissoziations- und Desintegrationstendenzen der Moderne nichts entgegenzusetzen hatte. Das gilt umso mehr, als sich in der zweiten Hälfte des 19. Jahrhunderts eine dezidiert antiklassizistische, im Zeichen dionysischer Entgrenzung stehende Antike-Rezeption herausgebildet hatte, die auch für die expressionistische Generation attraktiv wurde.[1]

1 Vgl. Achim Aurnhammer / Thomas Pittrof (Hrsg.): *„Mehr Dionysos als Apoll". Antiklassizistische Antike-Rezeption um 1900.* Frankfurt am Main: Klostermann 2002;

Hölderlin-Rezeption

Ein weiteres Indiz für die ablehnende Haltung der Expressionisten gegenüber der Weimarer Klassik ist deren Hölderlin-Kult.[2] Für die mit sozialen Außenseitern ohnehin sympathisierenden Expressionisten war Hölderlins Wahnsinn kein Stigma – im Gegenteil: Sie erblickten in ihm einen jünglingshaften, von Freiheits-, Gerechtigkeits- und Menschenliebe getriebenen *poeta vates* in dürftiger Zeit, der wegen seiner aufbegehrenden Kompromisslosigkeit mit dem gnädigen Geschick geistiger Umnachtung bedacht worden war. Hölderlin habe eine engagiert-humane Dichtung befürwortet, sich für die Verwirklichung der im Reich der Kunst propagierten Ideale eingesetzt und als revolutionärer Sprachkünstler radikal mit überkommenen Konventionen gebrochen. Dieser Dichtertyp bot eine Vielzahl von Identifikationsmöglichkeiten für die expressionistische Generation, die gegen den Materialismus und Nihilismus der wilhelminischen Gesellschaft aufbegehrte und für eine ethisch fundierte, Kunst in Leben überführende sowie alte Formen zerstörende Literatur eintrat. Hölderlin war zum Avantgardisten *avant la lettre* gekürt worden, der auch gegen die auf Harmonie und Ausgleich bedachte Weimarer Klassik in Stellung gebracht werden konnte.

Eine wichtige Rolle für die Wahrnehmung Hölderlins als pathetischer Ausdruckskünstler spielte Norbert von Hellingraths 1916 vorgelegte Edition des Spätwerks. Hier insbesondere glaubte man jene eruptive poetische Kraft der Zerstörung und Neuschöpfung erkennen zu können, der man sich selbst als formbewusster Dichter verpflichtet fühlte. Dass die Expressivität dieses Spätwerks auch nicht mit dem Expressionismus verbundene Autoren beeindruckte, bezeugt Oskar Loerkes Faszination für Hölderlins „begonnene[s], jäh hingeschleuderte[s] und vielleicht im Einzelnen noch nicht ausgeführte[s] Hymnenwerk, zu dem alle früheren Verse hinaufführten“[3]. Loerke begriff die späten Gedichte also

Joachim Schultz: *Wild, irre und rein. Wörterbuch zum Primitivismus der literarischen Avantgarden in Deutschland und Frankreich zwischen 1900 und 1940*. Gießen: Anabas 1995.

2 Kurt Bartsch: *Die Hölderlin-Rezeption im deutschen Expressionismus*. Frankfurt am Main: Akademische Verlagsgesellschaft 1974.

3 Oskar Loerke: [Rez.] Eine neue Hölderlin-Ausgabe. Friedrich Hölderlin, Gesammelte Werke. Besorgt d. Friedrich Seebaß u. Hermann Kasack. 4 Bde. Potsdam: G. Kiepenheuer 1921. In: Ders.: *Der Bücherkarren. Besprechungen im Berliner Börsen-Courier 1920–1928*, hrsg. v. Hermann Kasack unter Mitarbeit v. Reinhard Tghart. Heidelberg: Schneider 1965, S. 78–81, hier S. 80 [erstmals 1921].

als Höhepunkt von Hölderlins Schaffen und betonte zugleich deren Unabgeschlossenheit und versmetrische Sperrigkeit. Aus diesem Blickwinkel interessierte Hölderlins Wahnsinn weniger als psychologischer, die dichterische Kompetenz desavouierender Befund, sondern als poetische Lizenz, mit einengenden Formen und obsoleten Versstrukturen radikal zu brechen. Loerke und die Expressionisten feierten Hölderlins vermeintlichen Wahnsinn als in Wirklichkeit geniale Ungebundenheit, mit harten Fügungen und freirhythmischen Versen nach eigenem Ermessen experimentieren und zu vormals unerreichbarer sprachlicher Verdichtung vorstoßen zu können.

Wie sehr diese Semantisierung der Metrik die Zeitgenossen beschäftigte und zum Widerspruch herausforderte, zeigt Rudolf Borchardts Behandlung von *Hälfte des Lebens* in seiner Anthologie *Ewiger Vorrat deutscher Poesie* von 1926.[4] Borchardt unternahm den unangemessenen, poetologisch jedoch interessanten Versuch, Hölderlins Gedicht unter dem veränderten Titel *Skizze zu einer Ode* der Strophenform der alkäischen Ode einzufügen, indem er den fortlaufenden Text an den passenden Stellen von vier Strophen platzierte und die nicht zuordenbaren Verspartien mit Gedankenstrichen an Stelle der ausgelassenen Versfüße markierte. Indem das Gedicht somit zu einem nur unvollständig ausgeführten Entwurf einer gängigen Odenstrophe degradiert wurde, verlor es seinen exzeptionellen Rang als Inbegriff grammatikalisch und versmetrisch entfesselter Rede. Borchardt versuchte damit, der von ihm beklagten Hölderlin-Mode einen ihrer wichtigsten Bezugstexte zu entwenden und den ‚gesunden' Hölderlin als einen sich an antiken Mustern orientierenden Klassiker zu präsentieren.

Walter Hasenclever: *Die Verheißung VI*

Das Gedicht findet sich in Hasenclevers zweitem Gedichtband *Der Jüngling*, der insbesondere wegen der freizügigen erotischen Lyrik seines ersten, den frivolen Titel *Anweisung zum Lieben* tragenden Zyklus' Aufsehen und Anstoß erregt hatte. Obwohl es nicht zu diesem 1912 schon separat publizierten Zyklus gehört, ist sein Provokationspotenzial ihm

4 Christian Wagenknecht: Rudolf Borchardt und Friedrich Hölderlin. In: Ders.: *Metrica minora. Aufsätze, Vorträge, Glossen zur deutschen Poesie*. Paderborn: Mentis 2006, S. 207–217, hier S. 212–215.

mindestens ebenbürtig – hier geht es um die Anweisung zur damals strikt tabuisierten weiblichen Onanie.

Schnell von zitterndem Arm streif das Gewand dir ab,	–v–vv––vv–v–
Biege dich katzengleich, zärtliche Liebhaberin!	–vv–vx–vv–vv–
Leise den Finger tauch ein in dein feuchtes Grab,	–vv–vv–vv–v–
Unerlöst, du allein, schwankend durch Bilder hin.	–vv–vx–vv–v–
Und wie du tiefer dich wärmst, steigen dir Städte auf,	–vv–vv––vv–v–
Kavaliere und Herrn, heiß an dein Knie gepreßt.	–v–vv––vv–v–
In bacchantischer Lust treibst du auf Stromes Lauf,	–v–vv––vv–v–
Hoch in die Gluten geküßt, und du tanzst auf dem Fest.	–vv–vv–vv–vv–
Und wie du jäh dich bäumst, sinnloser Rausch dich umfängt,	–vv–v––vv–vv–
Eilt deines Herzens Takt wilder in dunkelndes Glück,	–vv–v––vv–vv–
Bis dich erwachendes Licht, das deine Wimpern sengt,	–vv–vv––vv–v–
Müde aus traumloser Flut hebt in die Kissen zurück.[5]	–vv–vv––vv–vv–

Der Inhalt des Textes ist unmissverständlich: Ein nicht greifbarer, allenfalls in der Anrede an die „zärtliche Liebhaberin" in seinem Verhältnis zur Angesprochenen bestimmbarer Sprecher fordert ein weibliches Du mit drei Imperativen (V. 1–3) zur Selbstbefriedigung auf. Das Gedicht lässt sich als dreistrophiger Text begreifen, dessen zweite und dritte Strophe jeweils mit der Anapher „Und wie du […]" (V. 5 u. 9) beginnen. Während die ersten vier Verse den Übergang vom Alltag in die ersehnte, von der Gesellschaft geschiedene sexuelle Praxis thematisieren, markieren die folgenden Verse den steigenden Erregungszustand und die dabei auftretenden Imaginationen befreiender Weltläufigkeit und leidenschaftlichen Verkehrs, die ihrerseits das narzisstisch-vitalistische Lustgefühl stimulieren. Die letzte Versgruppe setzt mit dem intensiven Höhepunkt und seinen somatischen Begleiterscheinungen ein und endet mit einer desillusionierenden Rückkehr in die Wirklichkeit. Zweifellos liegt hier ein erotisches Gedicht vor: Weder ist das Verhältnis zwischen Sprecher und Du durch vertrauliche Intimität oder zwischenmenschliche Nähe geprägt, noch scheint das hedonistische sexuelle Erlebnis wesentlich über die „Leere dieser Lust"[6]

5 Walter Hasenclever: *Der Jüngling*. Leipzig: Wolff 1913 [Reprint Nendeln / Liechtenstein 1973], S. 48 (mit dem Satzfehler „wilder im dunkelndes Glück" in Vers 10, der gemäß der Zweitauflage des Gedichtbandes von 1919 korrigiert wurde).

6 Bert Kasties: *Walter Hasenclever. Eine Biographie der deutschen Moderne*. Tübingen: Niemeyer 1994, S. 103. Entgegen den Eindrücken einer oberflächlichen Rezeption thematisiert der Gedichtband *Der Jüngling* laut Kasties die „Erkenntnis von der Sinnlosigkeit eines Lebens, das primär aus dem Wunsch nach Lusterfüllung geführt [wird] und keinen anderen Inhalt besitz[t] als sich selbst" (ebd.).

hinauszugehen. Sexualität wird zwar als momentan beglückendes Körperempfinden gefeiert, besitzt aber keine sublimierende oder spirituelle Dimension. Außerdem ist der Text angesichts seiner einleitenden Imperative auch als (männliche) Wunschprojektion mit Selbsterregungsabsicht deutbar und würde sodann die Grenzen pornographischer Literatur streifen.

Dass dem inhaltlichen ein formaler Tabubruch korrespondiert, fällt zunächst kaum auf, weil neun der zehn (im Übrigen alle zwölf oder vierzehn Verse aufweisenden) Gedichte des Zyklus' *Die Verheißung* optisch annähernd etwa dieselbe Breite des Satzspiegels einnehmen und damit bei überblicksartiger Betrachtung des Druckbilds einen homogenen Eindruck hinterlassen. Während jedoch acht dieser neun Gedichte im Endecasillabo verfasst sind, fällt bei der Lektüre von *Die Verheißung VI* der Prall in der Versmitte zwischen der dritten und vierten Hebung ins Auge, der entweder auf den Asklepiadeus oder den Pentameter hindeutet. Da ersterer grundsätzlich aus zwölf Silben besteht, Hasenclevers Verse aber zwischen 12 und 14 Füße aufweisen, bleibt nur der Pentameter übrig. Hasenclever destruiert jedoch dessen metrisches Grundschema in mehrfacher Hinsicht, weil er die mit der fünften Hebung einsetzenden obligatorischen Daktylen nur in vier Versen realisiert (2, 9, 10 u. 12), weil durch diese Verkürzung und die trochäische Ausführung des ersten Fußes drei korrekte Asklepiadeen mit Daktylen nach der zweiten und vierten Hebung entstehen (V. 1, 6 u. 7) und weil einige Verse so gelesen werden können, dass sie mit drei (V. 3 u. 4) oder vier (V. 2 u. 8) Daktylen beginnen und damit lediglich fünf Hebungen ohne Prall besitzen. In allen diesen Fällen handelt es sich nicht um poetische Lizenzen, sondern um klare Verstöße gegen Regeln der klassischen Metrik.

Darüber hinaus sind zwei weitere Regelverstöße zu konstatieren: Der Pentameter wird in der (neu)klassischen Dichtung grundsätzlich nicht so wie von Hasenclever allein, sondern nur distisch in Verbindung mit einem vorangehenden Hexameter und außerdem stets ohne Endreimbindung verwendet. Auch die Kreuzreime tragen zu dem angesprochenen Umstand bei, dass die metrische Sonderstellung dieses Gedichts nicht sofort auffällt, weil man keine gereimten Pentameter erwartet. Man könnte diese Analysen noch vertiefen und z. B. näher darauf eingehen, dass die Verse 5 und 9 mit ihren Anaphern als auftaktige und daher inkorrekte Pentameter mit der Hebung auf „wie" gelesen werden können: Es ist auf jeden Fall deutlich geworden, dass Hasenclever diesen

Vers als metrisches Grundschema setzt und zugleich bewusst destruiert. Insgesamt realisieren nur drei Verse (9, 10 u. 12) die richtige Form des Pentameters. Man müsste die letzte Silbe von „katzengleich“ (V. 2) und „du allein“ (V. 4) als Hebung lesen und außerdem die definitiv fehlerhafte Verkürzung des fünften Daktylus auf einen Trochäus akzeptieren, um sieben weitere Verse (1, 2, 4, 5, 6, 7 u. 11) dem (modifizierten) Versschema des Pentameters zuordnen zu können. Keinesfalls darunter zu fassen sind die Verse 3 und 8, weil man in diesen Fällen „tauch ein“ und „-küßt und“ als Hebungsprall skandieren müsste. Hier ist also von nicht angleichbaren, sondern eindeutig daktylisch dominierten Versen zu sprechen.

Hasenclevers Wahl ist auf den Pentameter gefallen, weil er als schroffer Vers mit „scharfe[r] Mittelzäsur“ aufgefasst und damit entgegen Schillers berühmtem poetologischem Epigramm nicht als melodisch fallender Vers, sondern gemäß dem von Ludwig Strauß entworfenen Muster „Im Pentameter streng trennt sich Gestalt von Gestalt“ gebaut werden kann.[7] In sieben von zwölf Versen (2, 4–6, 8, 9 u. 11) folgt nach der auf die dritte Hebung fallenden Silbe ein Komma, das die hintere Vershälfte auch syntaktisch von der vorderen abgrenzt. Dies verstärkt das Gewicht der Mittelzäsur in diesem Gedicht, weil hier Kolongrenzen aufeinander treffen und daher schon durch die allgemeinsprachliche Rhythmisierung eine kurze Lesepause markiert werden muss. Hasenclever nutzt die bündige Zweigliedrigkeit des zäsursetzenden Pentameters mit sowohl versmittigem als auch versfugenübergreifendem Hebungsprall zur Konstruktion stakkatohaft-plakativer Kola, die den drastischen Inhalt verstärken und einen provokativen Sprachgestus signalisieren sollen.

Johannes R. Becher: *Die Irren*

Bei Bechers in den Gedichtband *Päan gegen die Zeit* aufgenommenem Gedicht steht man vor einem konträren Befund wie bei Hasenclevers Text. Hier ist der Inhalt kaum verständlich, während die Form sofort ins Auge fällt: Alle Verse sind problemlos als Hexameter oder als vom Hexameter abgeleitete Verse identifizierbar.

7 Ludwig Strauß: Zur Struktur des deutschen Distichons. In: Ders.: *Gesammelte Werke in vier Bänden*, Bd. 2: *Schriften zur Dichtung*, hrsg. v. Tuvia Rübner / Hans Otto Horch. Göttingen: Wallstein 1998, S. 65–92, hier S. 65.

Mäntel drehen sie wirbelnd, weit an die Nacht gespannte. –v–vv–v–vv–v–v
Augen, bengalische Fackeln, glosen in Lüften frei. –vv–vv–v–vv–v–
Feixende Tänzer, gespült auf Dächer knarrende Rinnen. –vv–vv–v–v–vv–v
Schreie enthallen melodisch zerfetzter Munde Karaffe. –vv–vv–vv–v–vv–v

Wo, höher am Mond, deren Karosse feuerigen Strahls rollt, v–vv––vv–v–vvv–x
Daß stockend das Meer zu peitschen die Ufer vergißt: v–vv–v–vv–vv–
Trunkene Worte fallen schwer aus wiegendem Köcher, –vv–v–v–v–vv–v
Mystisch verbrämt, der Elemente verschollener Urlaut. –vv–v–v–vv–vv–x

Aber in Fäusten an stählernen Armen sie krallen und schwenken –vv–vv–vv–vv–vv–v
Schwerter hauende-bloße; Phiolen schillern von Gift. –v–vv–vv–v–vv–
Aus ihrer Haare verschlungenem Knoten windend sich Nattern. –vv–vv–vv–v–vv–v
Züngeln herab in die schwärzlichen Tale, stäubende Pest. –vv–vv–vv–v–vv–

Mancher der Engel auch sank, geprüft von der himmlischen Blende, –vv–vv–v–vv–vv–v
Schweifet mit diesen, vor hetzt er durch Äther neblichten Zug … –vv–v––vv–v–vv–
Halleluja in Meng, und schrill Trompeten Choräle, – –v–vv–v–v–vv–v
Wo jäh ragt aus Abgrund dess Haupt, ein schwankender Stern.[8] v––v–vv–v–vv–

Weder können der Inhalt noch die titelgebenden Irren dieses Gedichts auch nur annähernd bestimmt werden. Der Text macht vielmehr den Eindruck der konfusen Rede eines gebildeten Geisteskranken,[9] wenn man seine elaborierte Vers- und Strophenform überliest und ihn als Prosatext begreift. Diese Unverständlichkeit[10] hat mehrere Gründe: Die Agierenden sind nicht eindeutig identifizierbar und die syntaktischen Strukturen oftmals inkorrekt und damit grammatikalisch nicht zuordenbar. Und selbst wenn sie das sind – „Trunkene Worte fallen schwer aus wiegendem Köcher“ (V. 7) –, kann man sie nicht konkret paraphrasieren.

Nachvollziehbar ist jedoch, dass der Text mit einem orgiastisch-ekstatischen, Assoziationen an tanzende Derwische auslösenden Entgrenzungstaumel einsetzt, der im Folgenden in kosmische, von mythologischen und religiösen Figuren bevölkerte Kontexte überführt wird. Erkennbar sind die Gorgonen mit ihren Schlangenhaaren und der

8 Johannes R. Becher: *Päan gegen die Zeit. Gedichte*. Leipzig: Wolff 1918, S. 29.

9 Deshalb ist er aufgenommen worden in *Phantasien über den Wahnsinn. Expressionistische Texte*, hrsg. v. Thomas Anz. München / Wien: Hanser 1980, S. 43 (dort mit Transkriptionsfehler in V. 16: des / dess).

10 Moritz Baßler: *Die Entdeckung der Textur. Unverständlichkeit in der Kurzprosa der emphatischen Moderne 1910–1916*. Tübingen: Niemeyer 1994. Wie Bechers Gedicht zeigt, verwenden auch lyrische Texte das von Baßler diagnostizierte Textverfahren, wobei man andererseits einige der von ihm herangezogenen Belegtexte als Prosagedichte auffassen kann.

durch den Engelssturz bestrafte sowie im Morgenstern verehrte Luzifer. Wegen der von ihnen verkörperten Kombination aus Monstrosität und Tragik lösen diese Figuren eine inkommensurable Koinzidenz von Entsetzen und Faszination aus. Sie signalisieren die „Option für eine Ästhetik des Erhabenen" und somit „eine Alternative zu einer moralisch fundierten Ästhetik, der es vor allem um die Darstellung harmonischer Schönheit zu tun ist und die dieses Schöne [...] mit dem moralisch Guten identifiziert".[11] Als Gesamteindruck assoziiert man disparate, mit Schnitt gereihte Filmszenen über mythologische oder religiöse Eschatologien, die jedoch im vorletzten Vers vermutlich ridikülisiert werden. Vielleicht soll durch die dort erwähnten „Choräle" eine Assoziation zu Philipp Nicolais Kirchenlied *Wie schön leuchtet der Morgenstern*[12] ausgelöst und damit der einleitend aufgerufene sufistische Tanzritus mit der christlichen Liturgie konfrontiert werden. Die Szenen strotzen vor agonaler Dynamik, die durch bisweilen mit Präfixen verstärkte, ab Vers 6 vorwiegend nach unten zielende Bewegungsverben erzeugt bzw. gesteigert wird. Ob ihre synkretistische Bildlichkeit vom französischen Symbolismus oder eher vom deutschsprachigen, von Friedrich Nietzsche und Erwin Rhode inspirierten Antike-Diskurs stammt, ist hier zweitrangig im Vergleich zu der Feststellung, dass dieses Gedicht eine archaische, antiklassizistisch-dionysische Antike aufruft, die sich einer im (kultischen) Tanz erzeugten, die lebensweltliche Normalität transzendierenden Trance verdankt.

Die ungereimten Verse besitzen mit zwei Ausnahmen sechs Hebungen (V. 6: fünf und V. 14: sieben) und sind insgesamt acht Mal (V. 3, 4, 7–9, 11, 13 u. 15) als korrekte Hexameter gestaltet. Dennoch sind viele gravierende Verstöße gegen diesen klassischen Vers zu beobachten: In acht Fällen fehlt der obligatorische Adoneus am Versende, weil entweder wie bei einigen Pentametern Hasenclevers schon der fünfte Versfuß katalektisch (V. 1 u. 2), einmal hingegen hyperkatalektisch (V. 5) ausgeführt und bzw. oder der sechste Versfuß um seine Senkung

11 Linda Simonis: Lucifer als ästhetisches und anthropologisches Paradox. Am Beispiel der Illustrationen zu Miltons Paradise Lost im 18. Jahrhundert. In: Manfred Beetz / Jörn Garber / Heinz Thoma (Hrsg.): *Physis und Norm. Neue Perspektiven der Anthropologie im 18. Jahrhundert.* Göttingen: Wallstein 2007, S. 434–459, hier S. 445–446.

12 Hermann Kurzke: Wie schön leuchtet der Morgenstern. In: Hansjakob Becker et al. (Hrsg.): *Geistliches Wunderhorn. Große deutsche Kirchenlieder.* 2., durchges. Aufl. München: Beck 2003, S. 146–153 u. 512.

gekürzt (V. 2, 6, 10, 12, 14 u. 16) ist. Da die darauf folgenden Verse jeweils regelkonform mit einer Hebung einsetzen, entstehen versfugenübergreifende Hebungspralle, die den als prosanahes Strömen gestaltbaren Hexameter ebenso empfindlich stören wie die drei in Vers 5 („Mond, de-"), 14 („vor hetzt") und 16 („jäh ragt") auftretenden Hebungspralle und die drei beim Skandieren stark irritierenden Auftakte der Verse 5, 6 und 16. Wesentlich zur schroffen Rhythmisierung tragen auch die durch Kolonbildungen in der Versmitte entstehenden Zäsuren bei, die elf Verse prägen und vier (V. 12 u. 16), drei (V. 1, 2, 10, 13 u. 15), ja sogar zwei (V. 3, 5, 8 u. 14) Hebungen enthaltende Kola vom Rest des Verses abtrennen. Die dadurch verursachte Lesehemmung wirkt umso stärker, je früher diese Zäsur die Grundstruktur des Hexameters markiert, wobei zusätzlich die intensive Wirkung einer männlichen, also unmittelbar auf eine Hebung folgenden Zäsur (V. 5, 8, 13, 15 u. 16) in Rechnung zu stellen ist.

Es ist anzunehmen, dass Hellingraths Edition von Hölderlins Spätwerk Becher zu seiner provokativen Destruktion des Hexameters inspiriert hat. Immerhin war Hölderlin damals einer der wichtigsten Referenzautoren für Becher geworden, der unter ausdrücklicher Bezugnahme auf dessen Pindar-Übertragungen und Hellingraths Promotion darüber im Oktober 1916 in einem Brief an Heinrich F. S. Bachmair von seinem Stilideal einer „neue[n] Grammatik" schwärmte: „Idealsyntax. Neuerungen in der Wort-, Melos-, oder Rhythmik-Technik".[13] Obwohl es, wie schon Karl Bartsch betont hat,[14] nicht einfach ist, Hölderlins Einfluss auf Bechers Dichtung konkret nachzuweisen, lassen sich außer den eben erwähnten stakkatohaften, sich von der Geschmeidigkeit von Goethes Epen absetzenden Unterbrechungen des Versflusses weitere Affinitäten erkennen: archaisierend-poetische Wortbildungen („[s]chweifet", „neblichten" und „dess"), nachgestellte Appositionen oder attributive Adjektive bzw. Partizipien (V. 1–3, 8, 10 u. 12), dynamische Einsätze bei nachlassender Ausdrucksintensität im weiteren Versverlauf (V. 4, 12 u. 16), die Positionierung des Subjekts an das Kolonende (V. 16) und das von Johann Heinrich Voss etablierte Bemühen, gemäß quantitätsprosodischer Messung die Verse mit Spondeen

13 Johannes R. Becher an Heinrich F. S. Bachmair, 13. Oktober 1916. In: Ders.: *Briefe 1909–1958*, hrsg. v. Rolf Harder unter Mitarbeit v. Sabine Wolf / Brigitte Zessin. Berlin / Weimar: Aufbau 1993, S. 56–58, hier S. 57.

14 Vgl. Bartsch: *Hölderlin-Rezeption*, S. 45–60 u. 135–146, hier S. 140.

enden zu lassen (V. 5 u. 8).[15] Angesichts seiner auch anderweitig belegbaren intensiven Auseinandersetzung mit Hölderlin seit 1916[16] ist es naheliegend, dass dessen trunkene Wahnsinnspoesie Becher zu einem Gedicht animierte, in dem der Abfall vom Gebot apollinischen Maßhaltens und göttlicher Weisheit mit den Mitteln eines gegen die ohnehin schwach ausgeprägte Formstrenge des Hexameters aufbegehrenden Verses vorgestellt wird.

Abnormes in Inhalt und Form

Aus der Perspektive der bürgerlichen Kultur des Wilhelminismus begehen beide Gedichte eklatante Tabubrüche. Sie thematisieren Abwegiges, das als irregeleiteter Wahnwitz gegen Moral und Religion zu brandmarken war. Diesen Verstößen korrespondiert die Inszenierung der frivolen Demontage versmetrischer Konventionen klassizistischer Dichtung. Obwohl die Weimarer Klassik nicht erwähnt wird, muss sie wegen ihrer normsetzenden, von Karl Philipp Moritz' *Versuch einer deutschen Prosodie* (1786) inspirierten Adaption der antikisierenden Metrik für die deutschsprachige Literatur als kryptische Adressatin jener Destruktionsarbeit betrachtet werden. Ihr Schönheitsideal war und ist bis heute mit der Gestaltung versgebundener Poesie verknüpft, weil ihre wichtigsten epochenrelevanten Werke mit der alleinigen Ausnahme des *Wilhelm Meister* in Blankversen, Hexametern und elegischen Distichen verfasst wurden. Während der alte Goethe in einem Gespräch mit Eckermann am 2. April 1829 das Klassische unter Ablehnung des für krank erklärten Romantischen das Gesunde genannt hat, präsentieren sich nun Obszönes und Irrsinniges in kalkuliert abnormer Form. Und wenn Goethe ein Buch der Gedichtsammlungen seiner späten Werkausgaben von 1815 und 1827 unter den von Christian Wagenknecht für lyrikgeschichtlich relevant erachteten und deshalb übernommenen Titel *Antiker Form sich nähernd* gestellt hat, so lassen

15 Christian Wagenknecht: *Deutsche Metrik. Eine historische Einführung*. 5., erw. Aufl. München: Beck 2007, S. 104–106.

16 Alfred Klein: Im Zwielicht des Jahrhunderts. Johannes R. Bechers Hölderlinbilder. In: Ders. / Günther Mieth / Klaus Pezold (Hrsg.): *Im Zwielicht des Jahrhunderts. Beiträge zur Hölderlin-Rezeption*. Leipzig: Rosa-Luxemburg-Verein [1994], S. 7–32, hier S. 14–15. Auf poetische Adaptionen Bechers geht Klein allerdings nicht ein.

sich die Gedichte Hasenclevers und Bechers unter der Überschrift *Antike Form zersetzend* präsentieren.
Zugleich demonstrieren die Gedichte aber den schon von Achim Aurnhammer zu Recht betonten Sachverhalt,[17] dass die programmatisch bekundete Lust des Expressionismus an der Sprach- und Formzertrümmerung keineswegs einer formlos-amorphen Dichtung das Wort geredet hat. Das elitäre Formbewusstsein vieler expressionistischer Dichter findet sich, wie gezeigt werden konnte, auch bei Autoren, deren Lyrik entweder als „in formaler Hinsicht konventionell"[18] oder als prinzipiell überbordend und konturenlos gilt: *Die Verheißung VI* und *Die Irren* lassen sich als ästhetisches Spiel mit der antikisierenden Metrik begreifen, die noch in destruierter Form erkennbar und daher strukturprägend bleibt. Wer den Pentameter bzw. Hexameter als metrische Bezugspunkte der Gedichte nicht erkennt, muss wesentliche Aspekte des von ihnen entfachten dionysischen Provokationspotenzials verfehlen, weil diese Verse keineswegs bloße ‚Form', sondern durch ihre normensetzende Privilegierung in der Weimarer Klassik und wegen der bis zum Ende des 19. Jahrhunderts vorherrschenden „Symbiose der neoklassischen ästhetischen Ideale mit den Normen bürgerlicher Lebensführung"[19] semantisch hochgradig aufgeladen waren. Das ist ein anschaulicher Beleg für die bildungsbürgerlichen Voraussetzungen des Expressionismus. Man darf sich durch die ikonoklastischen Verlautbarungen einer angeblich alle Brücken zur Vergangenheit radikal abbrechenden Avantgarde nicht täuschen lassen. Die literarische Moderne bleibt der künstlerischen Tradition nicht nur verbunden, sondern bezieht gerade aus ihrer Zelebrierung der Zerstörung überkommener Harmoniemodelle einen erheblichen Teil ihrer Bedeutung. Es bedurfte der bornierten und gehässigen Ignoranz der Nationalsozialisten, solche anspruchsvollen, der Kunst ein vormals unerreichtes Niveau der Selbstreflexion erschließenden Formexperimente als ‚entartet' zu diffamieren.

17 Achim Aurnhammer: „Form ist Wollust". Ernst Stadlers Beitrag zur Formdebatte im Expressionismus. In: Olaf Hildebrandt (Hrsg.): *Poetologische Lyrik von Klopstock bis Grünbein*. Köln / Weimar / Wien: Böhlau 2003, S. 186–197.

18 Kasties: *Hasenclever*, S. 102.

19 Wolfgang J. Mommsen: Die Herausforderung der bürgerlichen Kultur durch die künstlerische Avantgarde. Zum Verhältnis von Kultur und Politik im Wilhelminischen Deutschland. In: *Geschichte und Gesellschaft* 20,3 (1994), S. 424–444, hier S. 428.

Hugo von Hofmannsthals und Richard Strauss' Klytämnestra

Die gewaltige Steigerung des literarischen Ausdrucks durch die hinzutretende Vertonung

Panagiota Varvitsioti

Den Gegenstand des vorliegenden Beitrags bildet die in der Forschung bisher eher vernachlässigte Figur der Klytämnestra in Hofmannsthals Theaterstück *Elektra*, das Strauss' gleichnamiger Oper als Textvorlage bzw. als Libretto zugrunde lag. Beleuchtet wird der Zusammenhang zwischen sprachlicher und gestischer bzw. mimischer Charakterisierung der Hofmannsthal'schen Klytämnestra und der musikalischen Gestaltung dieser Figur in der von Strauss unternommenen Vertonung der Hofmannsthal'schen Textvorlage.
Zu diesem Zweck richtet sich das Augenmerk auf den gesanglichen Bogen Klytämnestras im Klavierauszug – Tonhöhen und -dauern, Tempo, Rhythmus, Melodiegestaltung, Dynamik, Phrasierung und Artikulation. Es wird untersucht, wie sich die Musik zum Text verhält und welche für den Expressionismus typischen Merkmale sie aufweist. Im Rahmen dieses Beitrags kann die Frage nach der Beziehung von Wort und Ton keiner allumfassenden Analyse unterzogen werden, was die Partien Klytämnestras betrifft, vielmehr wird sie an einer prägnanten Stelle exemplarisch nachgezeichnet.
Um das bereits aufgeführte Theaterstück Hofmannsthals vollständig vertonen zu können, nimmt Strauss – teils zusammen mit Hofmannsthal – einige Veränderungen vor. Vergleicht man Drama und Libretto miteinander,[1] fallen neben den ‚Übernahmen' viele Veränderungen auf, die den unmittelbaren optischen Eindruck und das gleichsam photographische Einfangen des Augenblicks intensivieren. So fügt der Komponist eigene Bühnenanweisungen hinzu – „schweratmend", „etwas

1 Hugo von Hofmannsthal: Elektra. Tragödie in einem Aufzug. In: Ders.: *Sämtliche Werke. Kritische Ausgabe*, Bd. 7: Dramen 5, hrsg. v. Klaus Bohnenkamp / Mathias Mayer. Frankfurt am Main: Fischer 1997, S. 63–110; ders.: Elektra. Libretto. In: Ebd., S. 113–151.

weicher", „kommt herab, leise" – mit der Absicht, Gestik und Mimik Klytämnestras oder die Lautstärke ihrer Singstimme festzulegen und um die sich darin spiegelnde emotionale Befindlichkeit der Königin nachdrücklich zu unterstreichen. Außerdem ersetzt er bei den Bühnenanweisungen Adverbien, die das Innere Klytämnestras charakterisieren sollen, durch andere, die zwar eine ähnliche Bedeutung haben, die aber zur immensen Steigerung der optischen Wirkung des Gesungenen beitragen. So wurde das Wort „zornig" der Bühnenanweisung im Libretto von Strauss durch den Ausdruck „auffahrend" ersetzt und „gierig" durch „hastig".[2] In beiden Fällen sind die neuen Adverbien konkret gestisch und mimisch. Sie liefern einen klaren Anhaltspunkt, wie sich Klytämnestras unbändige Wut äußert bzw. wie ihre Sängerdarstellerin Atem, Tempo und Lautstärke den entsprechenden Gefühlen anpassen muss.

Die beträchtlichsten Veränderungen finden sich jedoch nicht in den Bühnenanweisungen, sondern in den Redebeiträgen beider Frauen. In einem ersten methodischen Schritt streicht Strauss ganze Passagen ohne inhaltlich Bedeutsames, in denen hauptsächlich ‚Gerede' wiedergegeben ist und die das Wichtige lediglich hinauszögern. Außerdem setzt er andere Redebeiträge um, mit der Absicht, der Sprache einen logischen Zusammenhang, begriffliche Schärfe und gedankliche Präzision zu verleihen. Dadurch wird das unaufhörliche und konsequenzlose Kreisen der Rede beider Frauen um das Selbe, bei Elektra der Gattenmord, bei Klytämnestra ihre Krankheit, vermieden.

Es sind offensichtlich musikalische Gründe, aus denen Strauss diese Veränderungen vornimmt. Richtet man allerdings den Fokus auf die inhaltlichen Gesichtspunkte, unter denen Strauss die Vorlage Hofmannsthals bearbeitet hat, fällt auf, dass die Gründe für die verändernde Bearbeitung der Dramenvorlage keineswegs bloß musikalischer Natur sind. Alle seine Eingriffe und Abwandlungen werden auch aus der Konzentration auf die pathologische Verfassung Klytämnestras verständlich. Strauss will ihre innere Zerrissenheit, ihre pathologische Natur unmittelbar erfahrbar bzw. sichtbar machen und deswegen befreit er Klytämnestras Partie von aller „überflüssigen" gedanklichen Last.[3]

2 Hofmannsthal: Elektra. Tragödie, Szene 6, S. 81; ders.: Elektra. Libretto, Szene 7, S. 127.

3 Für Hofmannsthal scheint die Frage: „wie gibt man auf der Bühne den Figuren einigermaßen Physiognomie bei einem Minimum von Text?" (Hugo von Hofmannsthal

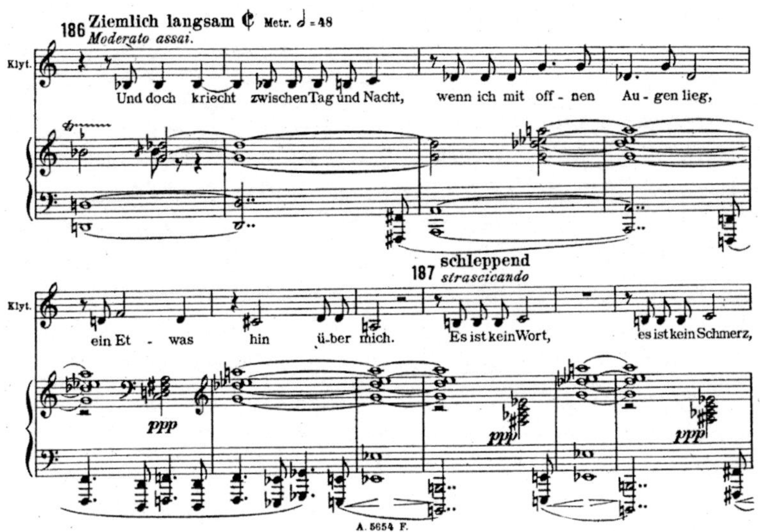

Abb. 1: Hugo von Hofmannsthal: *Elektra*. Tragödie in einem Aufzuge. Musik von Richard Strauss. Klavierauszug von Otto Singer. Berlin: Adolph Fürstner 1908, S. 80–86, hier S. 80.

Und genau hier muss die zentrale, weiterführende Frage ansetzen: Handelt es sich bei Strauss' medialer Veränderung des *Elektra*-Dramentextes und bei seiner expressionistischen Wendung um eine Präzisierung oder vielleicht sogar um eine auf individuelle Weise vollzogene musikalische Interpretation der Hofmannsthal'schen *Elektra*, die Hofmannsthals Klytämnestra umfassender zu verstehen hilft?
Um diese zentrale Frage zu beantworten, fokussiert sich die Untersuchung auf einen spezifischen musikalischen Teil in der Partie der Klytämnestra.[4] Dieser erstreckt sich von Ziffer 186 bis Ziffer 203 und damit über den Abschnitt des Librettos, in dem Klytämnestra

an Richard Strauss, Wien, 17.07.1927. In: Dies.: *Briefwechsel*, hrsg. v. Willi Schub. Zürich: Atlantis 1978, S. 583) von zentraler Bedeutung. Laut Hofmannsthal ist „die Hauptschwierigkeit [...] die: ich darf im Konzentrieren nicht über gewisse Grenzen hinausgehen, sonst verarme ich den Stoff, die Figuren verlieren ihren Reiz" (ebd., S. 233). Der Gefahr, dass die Figur Klytämnestras verarmen könnte, steuert Strauss, wie im Anschluss detailliert zu sehen ist, durch den Einsatz der musikalischen Mittel entgegen.

4 Die Analyse konzentriert sich auf die Klavierfassung, die den Klaviersatz und die vollständigen Singstimmen der Solisten enthält.

ihren Alptraum schildert.[5] Diese Schilderung, besser: dieses Eintauchen Klytämnestras in ihren Alptraum ist sowohl dichterisch als auch musikalisch als ein Riesensatz von berstender emotionaler Steigerung komponiert, mit immer weiter vorantreibender Spannung. In der gesungenen Realisierung wirkt allerdings der Eindruck des Hineinsteigerns in schreckliche Angstphantasien ungleich stärker. (Abb. 1)

Klytämnestra schildert hier die Wirkung ihres Traums. Sie beginnt ihre Darstellung in der tieferen Lage (Ziffer 186–188). Der dem Sprechen angenäherte Gesang in einer entsprechend dunklen Stimmfarbe reflektiert ihre innere Zerrissenheit. Gleichzeitig klingt die Sänger-Darstellerin von Klytämnestra so, als ob sie lediglich in ihrer Sprechstimmlage deklamieren würde.

Ein weiteres Anzeichen dafür, dass nicht nur am Anfang, sondern in dieser ganzen Traumschilderungsphase die Musik und der Gesang als Interpretation des geschriebenen Texts, des Librettos, angesehen werden können, ist folgendes: Fast immer entspricht jede Silbe einer Note, also auf einen Vokal werden nicht verschiedene Noten gesungen. Es handelt sich hier um eine „syllabisch deklamierende, kaum melismatisch geprägte Komposition“[6]. Die Zäsuren und Gliederungen werden nicht, wie im Fall der von einem atemlosen Sog beherrschten Arie, überspielt, sondern sind hervorgehoben. Die Sopranistin, die die Klytämnestra-Partie singt, muss an dieser Stelle zeigen, dass alle Aufmerksamkeit nicht auf dem „schönen Singen“, sondern vielmehr auf den seelischen Vorgängen in ihrem bzw. Klytämnestras Inneren liegt.

Die starke Affinität von Strauss zur Sprache Hofmannsthals lässt sich auch daran ablesen, dass die Betonung beim Singen fast die gleiche wie beim Sprechen ist. Das wird durch temporale, dynamische oder melodische Akzente erreicht. So sieht man, dass die inhaltlich wichtigsten einsilbigen Wörter in jeder musikalischen Phrase, z. B. „kriecht“, „Wort“, „Schmerz“, „würgt“, „drückt“, „Alp“, oder auch die betonte Silbe im Falle, dass diese Wörter mehrsilbig sind, z. B. „offnen“, „erhängt“, „zerfallen“, „träume“, „Dämon“, bereits durch die synkopierten, punktierten oder durch halbe Noten hervorgehoben werden. (Abb. 2)

5 Hofmannsthal: Elektra. Libretto, S. 125–126.

6 Vgl. Walther Dürr: *Sprache und Musik. Geschichte, Gattungen, Analysemodelle.* Kassel: Bärenreiter 1994, S. 13.

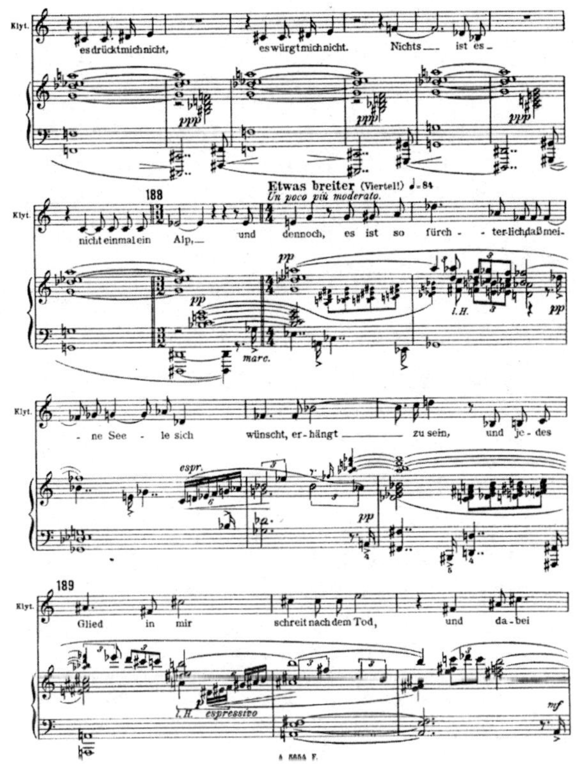

Abb. 2: von Hofmannsthal: *Elektra*, S. 81.

Und es gibt auch den Fall von Tonwiederholungen und chromatischen Aufwärtsbewegungen. Die Stelle „und doch kriecht zwischen Tag und Nacht wenn ich mit offnen Augen lieg" bildet eine Art auskomponiertes wahnhaftes Starren. Ebenso wie inhaltlich unklar bleibt, was Klytämnestra mit dem „etwas" meint, das über sie „hinkriecht", bleibt die musikalische Struktur offen. Deutlich wird das in den melodisch häufig aufwärts strebenden Wortfetzen Klytämnestras und in der fragenden Intonation der Basslinie im Orchester (Ziffer 187). Speziell die bohrenden Tonwiederholungen und die chromatisch sich nach oben windenden Melodieverläufe, aber auch die rhythmische Gleichförmigkeit verschiedener Takte zeigen ab dieser Stelle deutlicher denn je, dass sich Klytämnestra mit ihrem Gesang immer wieder um sich selbst dreht, dass sie in einer Art Teufelskreis gefangen ist, dem sie nicht entkommen kann.[7] Es handelt sich um ein hysterisches Repetieren, um eine tonale Spirale der Hysterie, in die Klytämnestra sich selbst hineintreibt, durch die Art und den Grad ihrer Erkrankung aber auch hineingetrieben wird. Sie ist dem Geschehen so sehr ausgeliefert, wie sie selbst zu ihrer eigenen Zerstörung beiträgt. In mehreren Synkopen wird sichtbar, dass sie sich stärker denn je in ihren Wahn verstrickt. Die Synkopen stellen ein Stocken dar, das immer wieder im Verlauf des gesamten Gesangs eintritt. Klytämnestra zeigt ein selbstzerstörerisches Verhalten. Sie ist daran gewöhnt, dass sie sich selbst immer wieder boykottiert, dass sie durch ihr eigenes Verhalten die Dinge für sich selbst verschlimmert. Diese eben betrachtete Passage liefert ein höchst eingängiges Beispiel für die eigene Deutlichkeit und Prägnanz, die die musikalische Sprache entfaltet. Strauss lässt zwar an dieser Stelle im Libretto längere Passagen des Dramentexts wegfallen, die Klytämnestras Identitätsverlust zum Ausdruck bringen. Der inhaltliche Gehalt der weggelassenen Passagen ist allerdings nicht verloren, sondern wird von Strauss in die musikalische Gestaltung übertragen.

Ungeachtet dessen, dass die gleiche Rhythmik teilweise wiederholt wird oder dass in einem Takt Ton-Repetitionen gesungen werden, ist die Melodie ‚unabsehbar', unberechenbar; man weiß nie genau, was einen im nächsten Takt melodisch erwartet. Man bekommt immer wieder eine neue melodische Information, die in keinem direkten harmonischen Zusammenhang mit der vorherigen steht. Ständig kommen neue Tonfolgen hinzu, die sogar in verschiedenen Rhythmen, Farben und Lautstärken gesungen werden. Das Stück ist offenbar so komponiert, dass es dem Publikum unmöglich sein soll, ‚in Gedanken mitzusingen'. Gerade weil die Musik in der *Elektra* nicht sonderlich eingängig ist, fordert sie das Publikum für die gesamte Länge der Oper und verlangt ihm einiges an Konzentration ab. Er ist gezwungen, der Strauss'schen Musik aufmerksam zu folgen, um Klytämnestras und Elektras Pathologien unmittelbar erleben zu können.

7 Der Eindruck der akustischen Wiederholung wird durch die Tatsache verstärkt, dass Leitmotive verwendet werden; es werden also Akkorde aneinandergereiht, die genau dadurch leben, dass sie wiederholt werden. Vgl. Sonja Bayerlein: *Musikalische Psychologie der drei Frauengestalten in der Oper „Elektra" von Richard Strauss.* Tutzing: Schneider 1996, S. 243–268. Zusätzlich vgl. Kurt Overhoff: *Die Elektra Partitur von Richard Strauss. Ein Lehrbuch für die Technik der dramatischen Komposition.* München: Pustet 1978, S. 90–124.

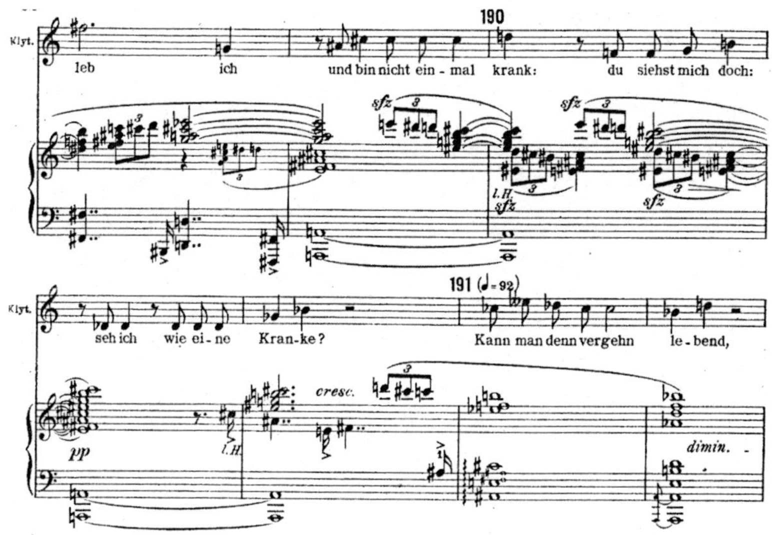

Abb. 3: von Hofmannsthal: *Elektra*, S. 82.

Das Stück ist nicht nur textlich, sondern auch musikalisch dicht und schwer. Die Gepresstheit, die Schwere, von der im Text die Rede ist, teilt sich auch in dem – gemäß der von Strauss eingefügten Vortragsbezeichnungen – ziemlich langsamen (*moderato assai* in Ziffer 186) bis schleppenden (*strascicando* in Ziffer 187) Tempo und in der auf diese ganze Phase ausgedehnten engschrittigen Bewegung von Klytämnestras Linie (besonders von Ziffer 186–193) mit.

In Ziffer 186–188 scheint Klytämnestra noch unsicher zu sein. Die musikalischen Phrasen sind kurz und erstrecken sich nicht über mehr als zwei Takte (1 Takt: „es ist kein Schmerz", 2 Takte: „es drückt mich nicht", „es würgt mich nicht"). Außerdem bewegt sich die Stimme in dieser Phase in einem nur geringen Tonumfang. Offensichtlich haben Klytämnestra die emotionalen Ereignisse und Gedanken noch nicht losgelassen; sie hat sie innerlich noch nicht ausreichend verarbeitet. Sie tastet sich in ihrem Verstehens- und Verarbeitungsprozess nur vorsichtig vorwärts, immer ängstlich innehaltend und um Worte ringend.

Plötzlich ab Ziffer 188 entfernt sie sich von der Tonlage, in der sie reflektiert hat, und geht noch tiefer in das Erleben hinein. Damit beginnt jener große musikalische Bogen, in dem sie sich in ihren Alptraum hineinsteigert. Die musikalischen Phrasen werden länger. Sie umfassen

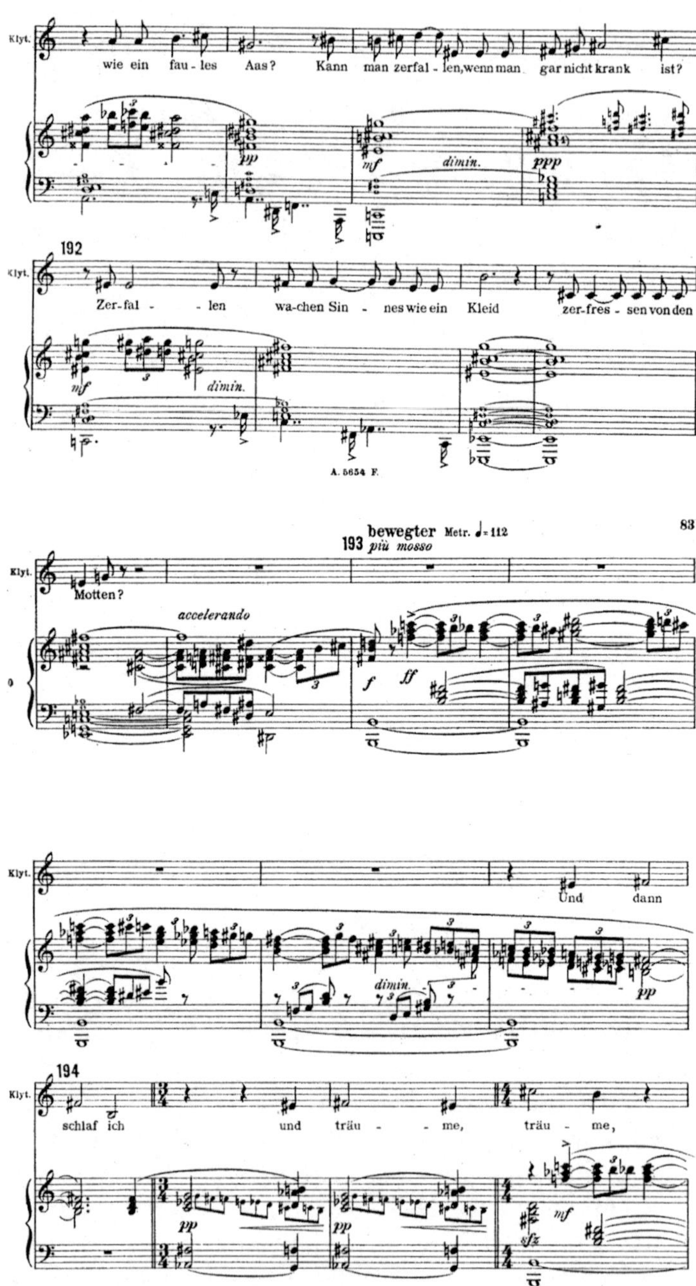

Abb. 4a & b, 5: von Hofmannsthal: *Elektra*, S. 82–83.

nun meist vier Takte („und dennoch es ist so fürchterlich – erhängt zu sein“).

Stimmlich geht es sofort in die Mittellage über. Der Hörer ist mit expressiven Ausbrüchen konfrontiert, wie sie sich in den größeren Intervallsprüngen zwischen den einzelnen Melodietönen ausdrücken, die die Aktivierung des gesamten sprachlichen Lautbereichs erforderlich machen. Die Melodien in den Phrasen streben fast immer nach oben. Dazwischen gibt es immer kleinere Steigerungen, die mit der Satzbildung zusammenhängen: Klytämnestra, die nicht begreift, was mit ihr vorgeht, fragt Elektra nacheinander: „seh ich wie eine Kranke?“, „Kann man denn vergehn lebend wie ein faules Aas?“ und „zerfressen von den Motten?“. Und jedes Mal steht die höchste Note am Ende der Phrase. (Abb. 4a & b)

Je weiter Klytämnestra mit ihrer Erzählung fortschreitet, desto mehr scheinen sie die alptraumhaften Gefühle zu überwältigen. Ab Ziffer 193 dringt sie dann gar in die Traumwelt ein. Nun (speziell ab Ziffer 194) wird ihr seelischer Zustand schonungslos offenbart. (Abb. 5) Die Notenwerte werden länger und ebenso die musikalischen Phrasen (fünf Takte: „und taumle wieder auf [...] abgelaufen“; Abb. 6).

Die nächste Phrase entwickelt sich bereits in sechs Takten (Ziffer 196; Abb. 7). Doch plötzlich, ab Ziffer 197, setzt sie sich gegen ihr Übermanntwerden zur Wehr. (Abb. 8) Das musikalische Geschehen verändert sich erneut korrespondierend zu den verbalen Äußerungen Klytämnestras. Die Musik greift den sprachlichen Umschlag von Verzweiflung in Wut auf und verstärkt ihn. Strauss' Komposition wirkt kraft der Vielfalt der ihm zu Gebote stehenden und eingesetzten Mittel wie ein Katalysator für die Gefühlswelt der Protagonistin: Die Achtelpausen verschärfen den Duktus und die Anhäufung der Achtelnoten sowie die Vortragsbezeichnung „sempre piu allegro“ bringen das aufreizende Moment hervor. (Abb. 8)

Dann, ab Ziffer 199, verbreitert sich die Linie wieder, die Bögen werden immer länger, was auch im Tempowechsel „meno allegro“ markiert ist. (Abb. 9a) Je mächtiger die Schilderung vorwärts treibt, desto länger werden die musikalischen Phrasen (der Höhepunkt mit der Phrase „ein jeder Dämon [...] geflossen ist“) und ihre Atemlosigkeit: Klytämnestra steigert sich derart in das Alptraumgebilde hinein, dass sie keinen Atem mehr hat. Dieser Eindruck der Erregtheit und psychischen Instabilität wird auch durch die Synkopen, z. B. bei „schickt“, „Dämon“, „Blut“,

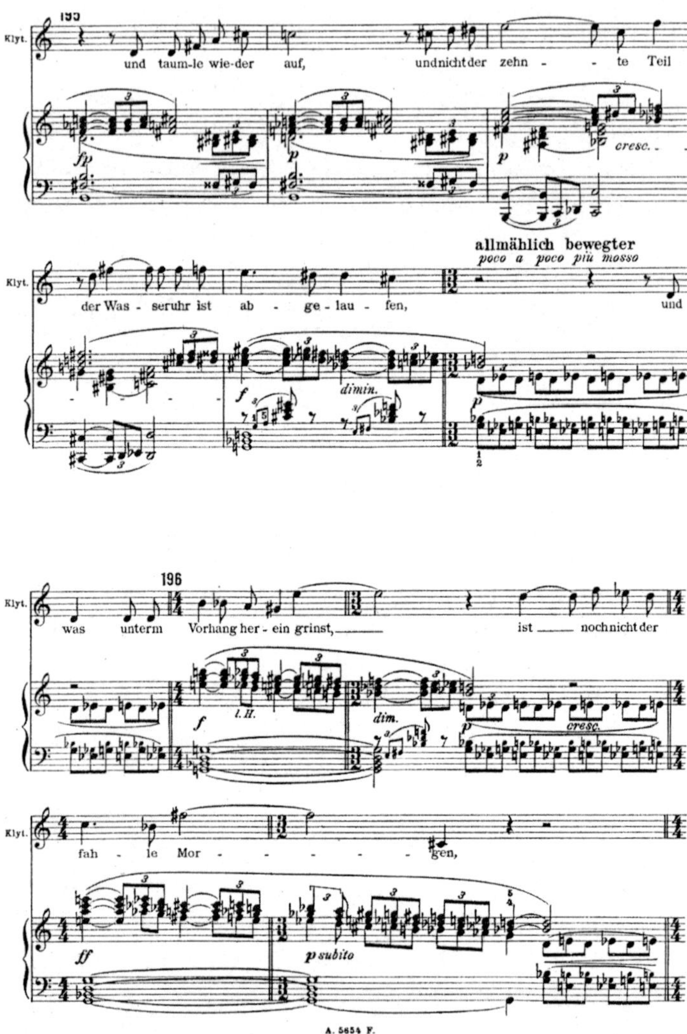

Abb. 6 & 7: von Hofmannsthal: *Elektra*, S. 84.

(auch im Orchester) bewirkt, die eine Art Beben bzw. eine rhythmische Energie erzeugen. Die natürliche Struktur von Schwere und Leichtigkeit innerhalb der Takte ist in der entsprechenden musikalischen Phrase umgekehrt.

Durch die besagten musikalischen Ausdrucksmittel, die den im Rahmen dieses Beitrags untersuchten Teil von Klytämnestras Partie (Ziffer 186–203) prägen, wird akustisch der Eindruck von etwas Unkontrolliertem erzeugt. Nach kurzem Anlauf folgt ein Zögern und Besinnen; und im Anschluss daran setzt der Rhythmus plötzlich wieder ein, wodurch am Ende ein Gefühl des Irritierenden, Fragmentarischen zurückbleibt. Die Königin selbst scheint sich der Konsequenzlosigkeit ihrer Rede durchaus bewusst zu sein, versucht sie doch gerade durch Wiederholungen, die Kontrolle über das Gesagte und den Sprechakt an sich zurückzugewinnen. Dieses akustische Ergebnis korrespondiert mit der Gebrochenheit von Klytämnestras Sprachrhythmus. Strauss betont die uneinheitliche Sprechhaltung der gefühlsschwankenden Königin nachdrücklich und enthüllt dadurch die Tiefe des Abgrunds von Klytämnestras Seelenzustand.

Strauss gelingt es durch die Negation der traditionellen musikalischen Mittel – die sehr schnellen Wechsel der Dynamik und die unruhigen Melodielinien –, die kleinsten Gefühlsnuancen, die im Hofmannsthal'schen Text in Worte gekleidet sind, sinnlich wahrnehmbar zu machen. Es entsteht eine neue psychologische Aussagequalität, mit der das Innenleben Klytämnestras sinnfällig konkretisiert wird.

Demnach ist es zwar der Hofmannsthal'sche Text, durch den Strauss die Inspiration zu seiner Musik erhalten hat; diese wiederum stellt jedoch eine auf individuelle Weise vollzogene Interpretation des Komponisten dar.[8] Hofmannsthal gab seiner Klytämnestra gedankliche Tiefe, Strauss gab ihr mehr klangliche Farbe und Abwechslung.

So drückt die Musik, die Klytämnestras Partie begleitet, eine große Wahrhaftigkeit aus. Es ist die „Ur"-Sprache, der tierische Schrei des nur vom elementarsten Gefühl getriebenen Menschen, der vom

8 Vgl. Thomas Beck: *Bedingungen librettistischen Schreibens. Die Libretti Ingeborg Bachmanns für Hans Werner Henze*. Würzburg: Ergon 1997, S. 46. Ernst Fischer-Planer: *Einführung in die Musik von Richard Strauss und Elektra*. Leipzig: Reform 1909, S. 27–31.

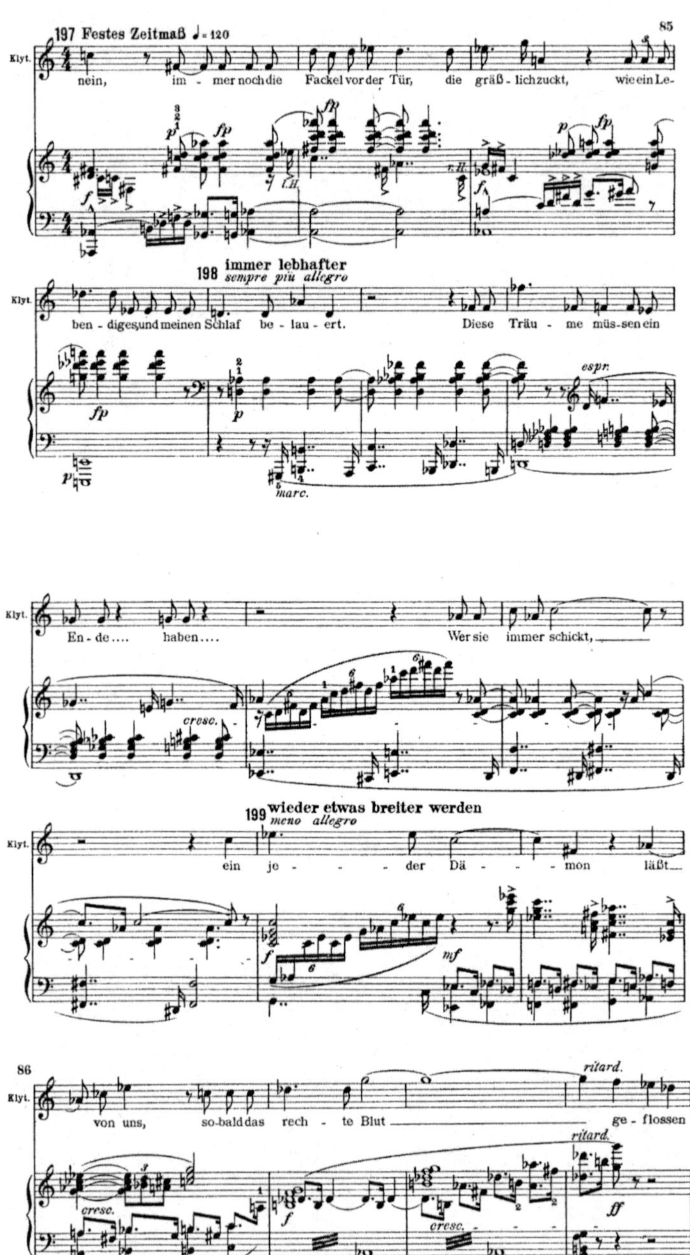

Abb. 8, 9a & b: von Hofmannsthal: *Elektra*, S. 85–86.

Komponisten unmittelbar hervorgebracht wird:[9] Ernestine Schumann-Heinck, die Klytämnestra der Uraufführung, sagte kurze Zeit danach in einem Interview:

> In Dresden ließ ich mich bereden, die Klytämnestra in der „Elektra" zu singen. Nie wieder im Leben! Es war einfach furchtbar. Wir waren da auf der Bühne lauter verrückte Weiber, ja wahrhaftig, das ist das richtige Wort. So hatte uns Strauss ahnenden Auges gesehen, und schließlich waren wir wirklich verrückt. Ich habe dies alles Strauss selbst gesagt. Nie werde ich den Blick dieser Elektra vergessen, ihre raubtiergleich glänzenden, unheimlich Feuer sprühenden Augen, als sie sich mir näherte. Wir spielten Komödie, aber wir hatten das vollständig vergessen. Wir sind am Ende. Ich weiß es: [...] Wir sind beide Bestien geworden. [...] Gut, daß ich kein Messer in meiner Hand hatte, denn ich hätte wohl zugestochen. Ich war von Sinnen. Fast ebenso ging es dem Publikum das atemlos dasaß. Die Leute gingen weg; sie konnten nicht essen, nicht schlafen, nicht sprechen.[10]

9 Vgl. ebd., S. 31. Strauss soll seinem Sohn gebeichtet haben: „Wenn ich gewusst hätte, was für ein Unheil die Klytämnestra-Szene in den Köpfen anrichten würde, dann hätte ich sie nicht geschrieben". Richard Strauss' Sohn Franz überlieferte Kurt Overhoff während seiner Arbeit an der Analyse der Musik *Elektra*, dass der Komponist diese Worte tatsächlich geäußert habe. Zit. n. Kurt Overhoff, *Die Elektra-Partitur von Richard Strauss*, S. 124.

10 Dieser Auszug stammt aus einem amerikanischen Interview, das Schumann-Heinck 1909 gegeben hat, in: *Boston Evening Transcript*, 30.10.1909, S. 25–26. Hier zit. n. Walter Panofsky: *Richard Strauss: Partitur eines Lebens*. München: Piper 1965, S. 145–146.

Abbildungsverzeichnis

Anna S. Brasch: Verortungen des ‚Irren'

Abb. 1: Erich Heckel: *Der Verrückte*, 1914, Öl auf Leinwand, 70,5 x 80,5 cm. Quelle: Kunstmuseum Gelsenkirchen; Copyright: Nachlass Erich Heckel, Hemmenhofen.

Thomas Röske: Paul Goesch – ein Expressionist in der Psychiatrie

Abb. 1: Paul Goesch: *Anbetung für Seurat*, o. J. Gouache über Bleistift auf Papier, 32,8 x 20,5 cm. Sammlung Prinzhorn, Heidelberg, Inv.Nr. 1090/149 (2014).

Abb. 2: Paul Goesch: *Phantastische Landschaft*, zwischen 1917 und 1919. Gouache über Bleistift auf Papier, 19,3 x 47 cm. Sammlung Prinzhorn, Heidelberg, Inv.Nr. 1090b.

Abb. 3: Paul Goesch: Ohne Titel, Seite eines Skizzenbuches, 15.11.1918–16.03.1919. Feder und Tinte auf Papier, 32,2 x 20,4 cm. Sammlung Prinzhorn, Heidelberg, Inv.Nr. 898, fol. 124.

Abb. 4: Paul Goesch: *Auf den Tod eines Kindes*, 1925. Gouache mit Deckweiß über Feder in Schwarz und Bleistift auf Papier, 20,1 x 15,5 cm. Sammlung Prinzhorn, Heidelberg, Inv.Nr. 1090/251 (2014).

Abb. 5: Paul Goesch: *Gebirgssee*, o. J. Gouache und Deckweiß über Bleistift auf Karton, 25,2 x 36,4 cm. Sammlung Prinzhorn, Heidelberg, Inv. Nr. 1090/104 (2014).

Abb. 6: Paul Goesch: *Heißer Sommerabend*, 18.02.1921. Gouache auf Papier, 20,7 x 16,3 cm. Sammlung Prinzhorn, Heidelberg, Inv.Nr. 1090/156 (2014).

Christiane Schmidt: Fritz Schaefler – Im Garten der Irrsinnigen

Abb. 1: Fritz Schaefler: *Garten der Irrsinnigen I*, 1918, Radierung, 18,4 x 16,2 cm (Thiel 605). Nachlass Schaefler.

Abb. 2: Fritz Schaefler: *Selbstbildnis I*, 1918, Radierung, 11 x 9,5 cm (Thiel 590). Nachlass Schaefler.

Abb. 3: Fritz Schaefler: *Garten der Irrsinnigen II*, 1918, Radierung, 18 x 16,5 cm (Thiel 631). Nachlass Schaefler.

Abb. 4: Fritz Schaefler: *Qualen des Krüppel*, o. J., Feder und Tusche in schwarz über Aquarell, 20 x 24,3 cm. Clemens-Sels-Museum Neuss, Inv.Nr. Gr 1980, 162 (nicht in Thiel).

Abb. 5: Fritz Schaefler: *Schrecken im Irrenhaus*, 1918, Radierung, 21 x 15 cm (Thiel 584). Nachlass Schaefler.

Abb. 6: Fritz Schaefler: *Selbstbildnis III*, 1918, Radierung, 29 x 24 cm (Thiel 583). Nachlass Schaefler.

Abb. 7: Fritz Schaefler: *Gesichte des Künstlers*, 1918, Aquarell und Tusche, 49 x 38 cm (Thiel 226). Nachlass Schaefler.

Panagiota Varvitsioti: Hugo von Hofmannsthal und Richard Strauss' Klytämnestra.
Abb. 1–9: Hugo von Hofmannsthal: *Elektra*. Tragödie in einem Aufzuge. Musik von Richard Strauss. Klavierauszug von Otto Singer. Berlin: Adolph Fürstner 1908, S. 80–86. Aus: http://ks.petruccimusiclibrary.org/files/imglnks/usimg/4/4f/IMSLP151615-PMLP55122-Strauss_-_Elektra_VS_Sibley.1802.16776.pdf (Zugriff am 18.09.2017).

Call for Papers: Berlin

Expressionismus, Ausgabe 08/2018
Herausgegeben von Kristin Eichhorn und Johannes S. Lorenzen

Als Prototyp der modernen Großstadt ist Berlin häufig Gegenstand expressionistischer Kunst gewesen, sei es im Film, in der Literatur oder in der bildenden Kunst: Walther Ruttmanns *Berlin. Die Sinfonie der Großstadt*, Alfred Döblins *Berlin Alexanderplatz* sowie die Werke von Ernst Ludwig Kirchner oder George Grosz sind berühmte Beispiele für diese Tendenz. Außerdem zieht Berlin als Wohn- und Wirkungsort zahlreiche Künstler*innen an, die sich oft dort bewusst niederlassen und sich mit Gleichgesinnten vernetzen. So verlagert bekanntlich die Brücke ihr Zentrum von Dresden nach Berlin. Im literarischen Bereich ist vor allem an das Neopathetische Cabaret bzw. den Neuen Club um Kurt Hiller zu erinnern. Hinzu kommt, dass für den Expressionismus wichtige Verlage wie S. Fischer, daneben aber auch Neugründungen (z. B. Heinrich F. S. Bachmair oder Die Schmiede) in Berlin ansässig sind und zentrale expressionistische Zeitschriften wie *Der Sturm* oder *Die Aktion* gleichfalls von Berlin ausgehen.

Damit ist Berlin sowohl zentraler Vernetzungsort der im Expressionismus aktiven Künstler*innen als auch eine Projektionsfläche, anhand derer die moderne Gesellschaft als Konzept modelliert wird. Für expressionistische Ansätze ist u. a. das Aufeinandertreffen verschiedener sozialer Schichten relevant. Damit ermöglicht das Großstadtleben jenen Kontakt zu Personengruppen am Rand der Gesellschaft, die als Identifikationsfiguren der Künstlerboheme gelten (Prostituierte, Proletarier, Geisteskranke etc.).

Schließlich ist Berlin aber auch einer der Orte, an denen expressionistische Kunst bis heute prominent der Öffentlichkeit zugänglich gemacht wird (z. B. im Brücke-Museum). Daher bietet es sich an, dem Verhältnis zwischen Stadt und Strömung aus der Rezeptionsperspektive nachzugehen und zu fragen, in welcher Weise der Expressionismus – historisch oder aktuell – in der Stadt Berlin durch Veranstaltungen, Ausstellungen, Sammlungen etc. verankert war bzw. ist.

Das geplante Heft möchte von diesen Dimensionen ausgehend, aber nicht notwendig auf sie beschränkt, zu einer interdisziplinären Auseinandersetzung mit dem Verhältnis des Expressionismus zu Berlin in all seinen Varianten anregen. Denkbar sind übergreifende oder vergleichende Ansätze ebenso wie einzelne Fallstudien. Auf diese Weise soll u. a. die Frage nach der Ursache der Berlin-Faszination neu eruiert werden, wobei sich neben künstlerischen Arbeiten auch Essays oder andere argumentative Texte auswerten lassen. Nicht zuletzt ist eingehender zu diskutieren, welchen eventuellen Sonderstatus Berlin innerhalb der Großstadtdichtung einnimmt und wie sich der Wirkungsort Berlin zu anderen deutschen (Groß-)Städten wie München oder Dresden verhält, die gleichfalls Gründungs- und Wirkungsort expressionistischer Kreise waren.

Abstracts zu diesen, aber gerne auch anderen thematisch einschlägigen Aspekten von nicht mehr als 2.000 Zeichen senden Sie bitte bis zum 1. Dezember 2017 an eichhorn@neofelis-verlag.de und lorenzen@neofelis-verlag.de. Zudem werden unabhängig vom Thema des Hefts auch immer Vorschläge für Rezensionen oder Diskussionsbeiträge zu aktuellen Forschungsdebatten entgegengenommen, die Phänomene der aktuellen Expressionismus-Rezeption vorstellt und besprechen.

Die fertigen Beiträge sollten einen Umfang von 20.000 Zeichen (inkl. Leerzeichen und Fußnoten) nicht überschreiten und sind bis zum 1. Juni 2018 einzureichen. Das Heft erscheint Anfang November 2018.

Expressionismus

hrsg. von Kristin Eichhorn
zusammen mit Johannes S. Lorenzen

Bisher erschienen
01/2015 – *Künstlerkreise*
02/2015 – *Der performative Expressionismus*
03/2016 – *Religion*
04/2016 – *Expressionistinnen*
05/2017 – Der Sturm *und* Die Aktion
06/2017 – *Wahnsinn*

In Planung
07/2018 – *Expressionismus-Debatte(n)*
08/2018 – *Berlin*